工业机器人专业人才“十三五”规划教材

工业机器人安装与调试教程

主　编　李福运　林燕文　魏志丽
副主编　陈南江
主　审　罗红宇

北京航空航天大学出版社

内容简介

本书根据工业机器人技术专业中工业机器人安装与调试的培养目标，主要以新时达工业机器人为例，针对工业机器人的安装准备工作、现场安装机械装配与调试、电气装配与调试、系统调试、故障排除、维护和保养等进行详细叙述。其中电气装调包括电柜安装、系统外围电气元件装调等内容；机械装调包括工业机器人本体安装、RV 减速器安装、谐波减速器安装、本体检验等内容。

本书内容简明扼要、图文并茂、通俗易懂，可作为中高职院校工业机器人技术、自动化技术相关专业师生的教学及参考用书，也可供初学工业机器人的工程技术人员使用。

图书在版编目(CIP)数据

工业机器人安装与调试教程 / 李福运，林燕文，魏志丽主编. -- 北京 ：北京航空航天大学出版社，2016.8

ISBN 978-7-5124-2211-7

Ⅰ.①工… Ⅱ.①李… ②林… ③魏… Ⅲ.①工业机器人—安装—教材②工业机器人—调试方法—教材 Ⅳ.①TP242.2

中国版本图书馆 CIP 数据核字(2016)第 192161 号

工业机器人安装与调试教程

主编 李福运 林燕文 魏志丽

副主编 陈南江

主 审 罗红宇

责任编辑 董 瑞 李丽嘉

*

北京航空航天大学出版社出版发行

北京市海淀区学院路 37 号(邮编 100191) http://www.buaapress.com.cn

发行部电话：(010)82317024 传真：(010)82328026

读者信箱：goodtextbook@126.com 邮购电话：(010)82316936

北京兴华昌盛印刷有限公司印装 各地书店经销

*

开本：787×1 092 1/16 印张：7.25 字数：186 千字

2016 年 11 月第 1 版 2016 年 11 月第 1 次印刷 印数：2 000 册

ISBN 978-7-5124-2211-7 定价：19.80 元

前 言

1. 编写背景

随着“工业 4.0”概念的提出，以“智能工厂、智慧制造”为主导的第四次工业革命已经悄然来临。“工业 4.0”是一个高科技战略计划，制造业的基本模式将由集中式控制向分散式增强型控制转变，目标是建立一个高度灵活的个性化和数字化的产品与服务的生产模式。在全球制造业面临重大调整、国内经济发展进入新常态的背景下，国务院于 2015 年 5 月发布了中国版的“工业 4.0”规划，即《中国制造 2025》，这是我国实施制造强国战略的第一个十年行动纲领。《中国制造 2025》明确了 9 项战略任务和重点，其中重点包括了新一代信息技术产业、高档数控机床和机器人、航空航天装备、海洋工程装备及高技术船舶、先进轨道交通装备、节能与新能源汽车、电力装备、农机装备、新材料、生物医药及高性能医疗器械等十大重点领域。因此，工业机器人作为自动化技术的集大成者，是“工业 4.0”的重要组成单元。当前，机器人产业的发展对工业机器人编程与操作的技能型人才的需求越来越紧迫，按照工业和信息化部关于工业机器人的发展规划，到 2020 年，国内工业机器人装机量将达到 100 万台，需要至少 20 万与工业机器人应用相关的从业人员，并且以每年 20%～30% 的速度持续递增。现今工业机器人的安装与调试多依靠机器人企业的培训和产品手册，缺乏系统学习和对相关知识技能点进行指导的教材。虽然市面上有一些关于工业机器人方面的教材，但普遍偏向于理论与研究，或者偏向于指导说明，适合职业教育基础教学的教材较少。因此，开发适合于职业教育特点的教材是当前开展工业机器人技术专业人才培养急需解决的重要问题。

2. 编写宗旨

“工业机器人安装与调试教程”是工业机器人技术专业开设的专业核心课程。本书由学校、企业、行业专家集合工业机器人技术专业教学资源库建设成果编写而成，针对相关行业岗位如工业机器人示教编程、工业机器人工作站调试等典型工作任务的群体所需的知识能力点，对照国家工业机器人教学资源库建设中的工业机器人编程员和系统应用工程师的职业标准，打破传统理论教学与实践教学的界限，将知识点和技能点融入项目任务中。本书主要包括六个项目，分别为：作业准备、工业机器人现场安装、工业机器人机械装配与调试、工业机器人电气装配与调试、工业机器人系统调试、工业机器人故障排除，每个项目由若干任务组成，每个任务都由具体描述引入，按照“任务描述、知识学习、任务实施”进行逐步讲解，在培养读者养成良好的学习习惯和科学的思维方法的同时，也更加适用工学结合、项目引导、“教与学”一体化的教学需求。本书中的每个任务都由课程编写组根据北京华航唯实机器人科技有限公司针对职业院校开发的工作站实训任务而来。

在编写过程中，编者从工业机器人安装调试出发，结合工业机器人企业应用过程中的经验，把本书编写宗旨定位于：以高职高专课程内容为主，注重任务实施，以方便开展教学。其中与教材配套的课程资源按照国家工业机器人技术专业教学资源库建设相关规范要求，开发了包括课件、视频、习题等一系列资源。

3. 教学建议

“工业机器人安装与调试教程”是工业机器人技术专业的一门核心基础课程，工业机器人专业教育是一门新课程，其前导课程需要学习“可编程控制器技术应用”“液压与气动技术”“电气控制技术”“工业机器人技术基础”“工业机器人现场编程”等，后续课程包括“工业机器人工作站系统集成”“工业机器人系统维护”“顶岗实习”“毕业设计”。

本教材中在关键知识点和技能点通过二维码标注微课等资源，可用手机随扫随学。

4. 致　谢

本书由广东松山职业技术学院、北京华航唯实机器人科技有限公司等校企联合开发，由广东松山职业技术学院的李福运、魏志丽和北京华航唯实机器人科技有限公司的林燕文担任主编，北京华航唯实机器人科技有限公司的陈南江担任副主编，北京华航唯实机器人科技有限公司的罗红宇为主审。参与编写的还有北京华航唯实机器人科技有限公司教育资源部的工程师们。

由于作者水平有限，书中遗漏和不妥之处，欢迎各位读者批评指正。

在本书编写过程中编者参阅了上海新时达机器人公司的技术资料，得到新时达机器人技术人员的大力支持和帮助，同时参阅了国内外相关资料，在此向以上人员表示衷心的感谢。

编　者

2016 年 5 月

增值服务说明

本书为读者免费提供配套资料，以二维码的形式印在各章节标题后，请扫描二维码下载。读者也可以通过以下网址从“学徒宝”学习其他相关资料：http://www.xuetubao.com。

二维码使用提示：手机安装有“学徒宝”App 的用户可以扫描并登录注册学习本书中视频；未安装“学徒宝”App 的用户建议使用带有扫一扫功能的软件直接扫描学习。

配套资料下载或与本书相关的其他问题，请咨询理工图书分社，电话：(010)82317036，(010)82317037。

目　　录

项目一　作业准备

任务一　工业机器人安全操作规范

【知识学习】

工业机器人
安全操作规范

在开启机器人之前，请仔细阅读工业机器人配备光盘里的产品手册，务必阅读产品手册里“安全”章节的全部内容。请在熟练掌握设备知识、安全信息以及注意事项后，再正确使用机器人。因违反操作规定造成的人员及设备损害，用户自行负责。

1. 机器人的安全操作规范

在进行机器人的安装、维修、保养时切记要将总电源关闭。带电作业可能会产生致命性后果。如果不慎遭高压电击，可能会导致心跳停止、烧伤或其他严重伤害。

在故障诊断时，机器人有可能必须上电，但当修复故障时，必须断开旋转开关，断开机器人动力电。不可带电维修，以防发生触电事故；在机器人的工作空间外面必须具有可以关断机器人的动力电装置；机器人工作时（如搬运、点焊），一定要注意线缆是否存在破损，一经发现破损，应立即停机维修。

在调试与运行机器人时，它可能会执行一些意外的或不规范的运动，并且所有的运动都会产生很大的力量，从而严重伤害个人或损坏机器人工作范围内的任何设备，所以应时刻警惕并与机器人保持足够的安全距离。

2. 控制柜的安全操作规范

机器人工作时，不允许打开控制柜柜门，柜门必须具备报警装置，在其被误开时，必须强制停止机器人（在故障诊断时允许带电打开柜门，但必须由专业人员操作）；注意伺服工作时，存在高压电能（如内部的高压直流、电容器等），所以不可随意触摸伺服，尤其是伺服的出线端子，以防发生触电事故；伺服维修时，必须等伺服的 power 指示灯彻底熄灭，伺服内部电容完全放电后才可维修，否则容易发生触电事故；控制柜的主电线缆（即黄绿红三色线缆）均为高压线缆，应远离这些线缆以及线缆上的电气器件，以防发生触电事故；控制柜内如有变压器，应当远离变压器的周边，以防发生触电事故；即使控制柜的旋转开关已关断，也应注意控制柜内是否残留有电流，不可随意触摸、拆卸控制柜内器件，一定要注意，旋转开关断开的是开关的电路，开关前面的器件（如滤波器）依然带电，必要时，请断开控制柜的电源；控制柜上电运行时，操作人员必须远离控制柜后面板的出风口，以防热风散出时发生烫伤事故；控制柜上电运行一段时间后，制动电阻由于工作发热，会产生高温，最高可达 200℃，必须远离制动电阻，以防烫伤；如需要更换、维修制动电阻，则要在控制柜断电、制动电阻散热一段时间后进行，且更换、维修前建议使用测温仪测量制动电阻表面的温度，确保不发生烫伤事故；I/O 模块使用时，请参照端子引脚图、接线图进 行连接,以防接错或误用信号。

3. 静电放电危险

ESD(静电放电)是电势不同的两个物体间的静电传导,它可以通过直接接触传导,也可以通过感应电场传导。搬运部件或部件容器时,未接地的人员可能会传递大量的静电荷。这一放电过程可能会损坏敏感的电子设备。所以在有此标识的情况下,要做好静电放电防护。

4. 紧急停止

紧急停止优先于任何其他机器人控制操作,它会断开机器人电动机的驱动电源,停止所有运转部件,并切断由机器人系统控制且存在潜在危险的功能部件的电源。出现下列情况时请立即按下任意紧急停止按钮:

① 机器人运行时,工作区域内有工作人员。

② 机器人伤害了工作人员或损伤了机器设备。

5. 灭　火

发生火灾时,在确保全体人员安全撤离后再进行灭火,应先处理受伤人员。当电气设备(例如机器人或控制器)起火时,使用二氧化碳灭火器,切勿使用水或泡沫。

6. 工作中的安全

机器人运动速度慢,但是很重并且力度很大,运动中的停顿或停止都会产生危险。即使可以预测运动轨迹,但外部信号有可能改变操作,会在没有任何警告的情况下,产生预想不到的运动。因此,当进入保护空间时,务必遵循所有的安全条例。

① 如果在保护空间内有工作人员,请手动操作机器人系统。

② 当进入保护空间时,请准备好示教器,以便随时控制机器人。

③ 注意旋转或运动的工具,例如切削工具和锯。确保在接近机器人之前,这些工具已经停止运动。

④ 注意工件和机器人系统的高温表面。机器人电动机长期运转后温度很高。

⑤ 注意夹具并确保夹好工件。如果夹具打开,工件会脱落并导致人员伤害或设备损坏。夹具非常有力,如果不按照正确方法操作,也会导致人员伤害。

⑥ 注意液压、气压系统以及带电部件。即使断电,这些电路上的残余电量也很危险。

【任务实施】

新时达机器人的安全操作规范。

1. 机器人系统标识

机器人系统上的标识(所有铭牌、说明、图标和标记)都与机器人系统的安全有关。不允许对其进行更改或将其去除。新时达机器人系统上的标识包括:

① 型号铭牌,如图 1-1 所示。

② 安全图标,如图 1-2 所示。

③ 警告图标,如图 1-3 所示。

2. 一般安全措施

只允许在机器正常运行的状态下,按规定且有安全意识地使用本机器人系统。不正确地

图 1－1　控制柜 SRC2 的铭牌

图 1－2　控制柜 SRC2 上的安全图标

接地标识　　当心触电标识　　防烫伤标识

图 1－3　新时达机器人安全图标

使用会导致人员伤害及设备受损。即使在机器人控制系统已关断且已进行安全防护的情况下，仍应考虑到机器人系统可能进行的运动。

工作范围必须限定在需要的最小范围内，通过防护装置确保工作范围安全。危险范围包括工作范围及机器人制动路程，可通过隔离栏对该范围加以保护，以免人员或财产受到损失。

机器人轴 A1～A6 的轴范围均由带缓冲器的机械终端卡位进行限制，附加轴上可安装另外的机械终端卡位。另外，通过可设定的软件限位开关，也可限制所有机器人轴的轴范围。该软件限位开关仅用作机器防护装置，并设定为机器人不会撞到机械终端卡位上。软件限位开关在机器人系统投入运行时被设定。

3. 投入运行的安全操作规范

功能检查期间，不允许有人员或物品留在机器人危险范围内。功能检查时必须确保机器人系统已置放并连接好，机器人系统上没有异物或损坏、脱落、松散的部件，所有安全防护装置及防护措施均完整且有效，所有电气接线均正确无误，外围设备连接正确，外部环境符合操作指南中规定的允许值，必须确保机器人控制系统型号铭牌上的数据与制造商声明中登记的数据一致。

4. 编程时的安全操作规范

编程时必须采取的安全措施如下：

① 编程过程中不允许任何人在机器人控制系统的危险区域内逗留；

② 新的或者经过更改的程序必须始终先在手动慢速运行方式(T1)下进行测试；

③ 如不需要驱动装置，则必须将其关闭，由此可保证不会意外开动机器人或附加轴(可选)；

④ 工具、机器人或附加轴(可选)绝不允许碰触外部围栏；

⑤ 只允许以手动低速方式(最高 250 mm/s)开动机器人或附加轴；

⑥ 示教人员应具有和使用有单独控制机器人运动功能的示教盒，示教期间，机器人运动只能受示教装置控制，机器人不应响应来自其他地方的遥控命令；

⑦ 必须保证示教人员能够不受妨碍地看到机器人系统。

5. 自动运行安全操作规范

只有在实施以下安全措施的前提下，才允许使用自动运行模式：

① 预期的安全防护装置都在位，并且能起作用；

② 程序经过验证，相关性能满足自动运行要求；

③ 在安全防护空间内没有人，如机器人或附加轴停机原因不明，则只在已启动紧急停止功能后方可进入危险区。

6. 维修安全操作规范

维修人员必须保管好机器人钥匙，严禁非授权人员在手动模式下进入机器人软件系统，随意翻阅或修改程序及参数，若发现某些故障或误动作，则维修人员在进入安全防护空间之前应进行排除或修复。若必须进入安全防护空间内维修，则机器人控制必须脱离自动操作状态；机器人不能响应任何远程控制信号；所有机器人系统的急停装置应保持有效。

7. 运输安全操作规范

务必注意规定的机器人运输方式。须按照机器人操作指南中的指示进行运输。运输及置放机器人控制系统时均应使其保持竖直状态。避免运输过程中的震动或碰撞，以免对机器人控制系统造成损伤。

任务二　工业机器人本体认识

新时达工业
机器人本体各轴的运动

【任务描述】

充分认识工业机器人的本体结构，掌握新时达 SA 系列机器人的本体构成。

【知识学习】

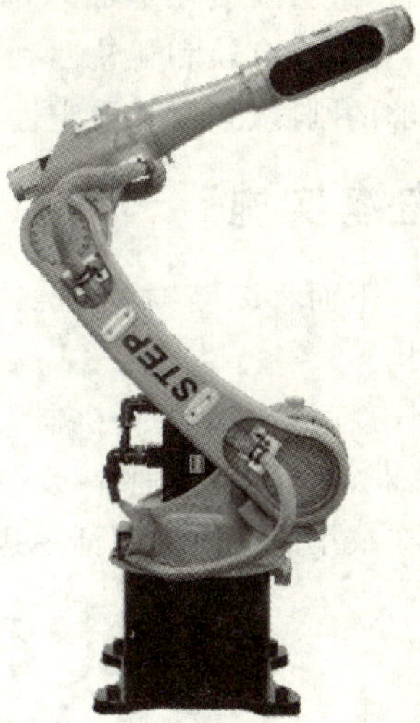

图 1-4　SA1400 机器人本体

工业机器人是一种模拟人手臂、手腕和手功能的机电一体化装置，可对物体运动的位置、速度和加速度进行精确控制，从而完成某一工业生产的作业要求。工业机器人系统主要由机械系统、控制系统、系统软件及配套电缆等组成。其中，机械系统即为工业机器人本体，是工业机器人的支承基础和执行机构。

机器人的本体是机器人的重要部分，所有的计算、分析和编程最终要通过本体的运动和动作来完成特定的任务，因此工业机器人的机械主体是用来完成各种作业的执行机构。执行机构本质上是一个拟人手臂的空间开链式机构，一端固定在基座上，另一端可自由运动，通常由杆件和关节组成。应用最广泛的工业机器人是六轴串联机器人，从功能角度看，本体一般可分为手部、腕部、臂部、腰部（立柱）和基座五个部分，图 1-4 所示为新时达 SA1400 机器人本体，其中足部即基座，臂部由大臂和小臂组成，手部在末端法兰盘上安装了抓爪。

1. 机器人手部

工业机器人
末端执行器的安装

手部又称末端执行器，直接安装于手腕，是工业机器人直接进行工作的部分，其作用是直接抓取和放置物件，也可以是各种手持器。有了末端执行器，工业机器人才能搬运物品、装卸材料、组装零件和焊接等，在处理高温、有毒产品时，它比人手更能适应工作，因此末端执行器关乎机器人的柔性，关乎工作质量的好坏。有的末端执行器类似人手，有的是进行某种作业的专用工具，比如焊枪、油气喷头和吸盘等。

2. 机器人腕部

工业机器人
的手腕

腕部也叫手腕，是连接手部和臂部的部件。其作用是调整或改变手部的姿态，是操作机中结构最复杂的部分。

3. 机器人臂部

工业机器人
的手臂

臂部又称手臂，用以连接腰部和腕部，通常由两个臂杆（大臂和小臂）组成，是执行机构中的主要运动部件，主要用于改变手腕和末端执行器的空间位置，满足机器人的工作空间，并将各种载荷传递到基座。

4. 机器人腰部

腰部又称立柱，是支撑手臂，连接基座的部件，通常是回转部件。其作用是带动臂部运动，可以在基座上转动，也可以与基座制成一体。与臂部运动结合，把腕部传递到需到的工作位置。

5. 机器人基座

工业机器人
的基座

基座也称行走机构，是机器人的基础部分，起支撑作用，整个执行机构和驱动装置都安装在基座上，分为固定式和移动式两种。对固定式机器人而言，直接安装在地面基础上；对移动式机器人而言，则安装在移动机构上，可分为有轨和无轨两种。由于该部件起承载功能，故要求其必须具有足够的刚度、强度和稳定性。

工业机器人的腰部

【任务实施】

下面将以新时达 SA1400 机器人为例详细介绍工业机器人的本体结构。

新时达 SA 系列机器人外形紧凑、体积小、重量轻，是专用的弧焊机器人，能实现稳定的焊接，获得高度精确地焊接路径，缩短焊接周期，延长管件和线缆寿命。同时 SA 系列机器人能够在狭小的空间内灵活地进行焊接作业，图 1-5 所示为 SA1400 机器人的本体结构图。

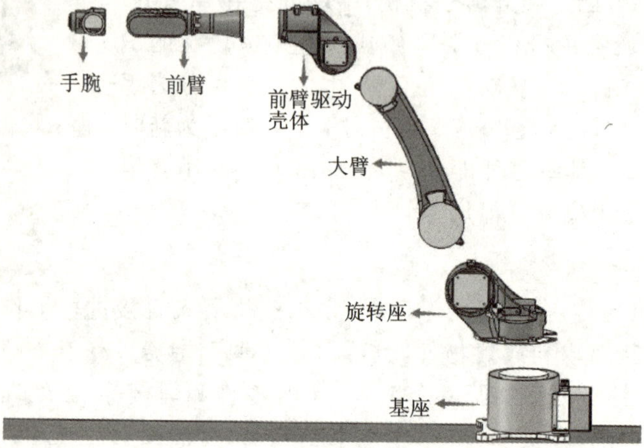

图 1-5　SA1400 机器人本体结构

SA1400 机器人的本体主要是由基座、旋转座、大臂、前臂驱动壳体、前臂和手腕组成。其中旋转座相当于腰部，大臂与前臂属于臂部，若在手腕末端安装抓爪或吸盘等执行器，则构成手部。

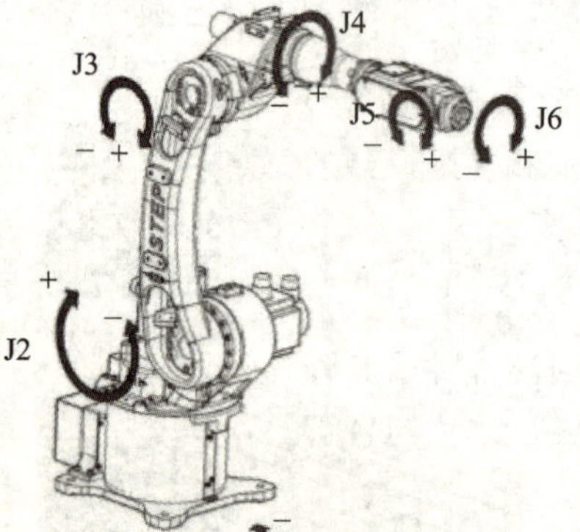

图 1-6　各关节轴运动示意图

SA1400 手腕额定负载为 6 kg，最大工作半径为 1 405 mm，具有体积小、重量轻、运行速度快、重复定位精度高、焊接稳定性强等特性。共有 6 个关节轴，分别是 J1、J2、J3、J4、J5、J6，各轴关节运动示意图如图 1-6 所示。其中 J1 的关节角度是 ±165°，J2 的关节角度是 +155°～-90°，J3 的关节角度是 +70°～-200°，J4、J5 和 J6 的关节角度分别是 ±170°、±120° 和 ±360°。

基座是由底座、左右围板和底座限位座等组成，如图 1-7 所示。基座主要起到支撑机器人整体的作用，在基座上方安装有减速器和电机，与旋转座连接，构成 J1。在基座的后方还安装有底座接线盒，用来放置连接线缆。

旋转座如图 1-8 所示，一端与基座相连，连接处安

图 1-7　基　座

装减速器和电机作为驱动装置，可以驱动 J1 旋转；一端与大臂连接，也装有减速器和电机，驱动 J2 来回摆动，装配连接后如图 1-9 所示。

图 1-8　旋转座

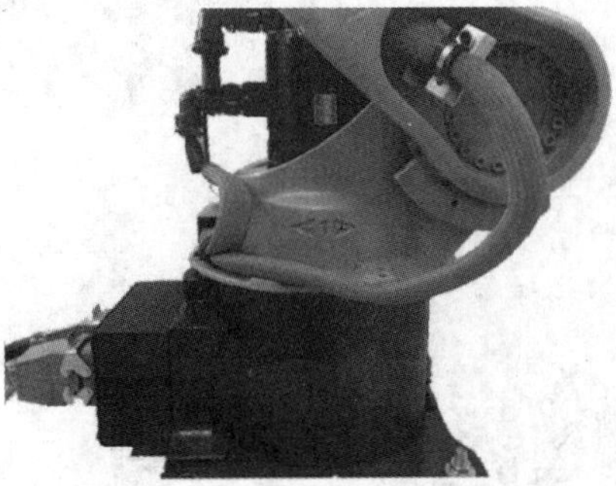

图 1-9　旋转座连接

大臂如图 1-10 所示，两端分别与旋转座和前臂驱动壳体连接，与前臂驱动壳体连接处安装有减速器和电机，驱动 J3 运动，大臂的装配连接如图 1-11 所示。

图 1-10　大　臂

图 1-11　大臂连接

前臂驱动壳体是用来连接大臂与前臂筒，共同组成机器人的臂部，图 1-12(a)所示为前臂驱动壳体，图 1-12(b)所示为前臂筒的实体零件，在驱动壳体的内部装有电机和减速器，连接前臂筒，来驱动 J4 的转动，两者的装配关系如图 1-13 所示。

图 1-14 所示为 J5 箱体主体和侧盖，一端与前臂筒相连，另一端与 J6 箱体连接组成手腕部，在箱体内部通过电机、减速器以及带轮等来实现手腕 J5 的摆动，装配连接如图 1-15 所示。

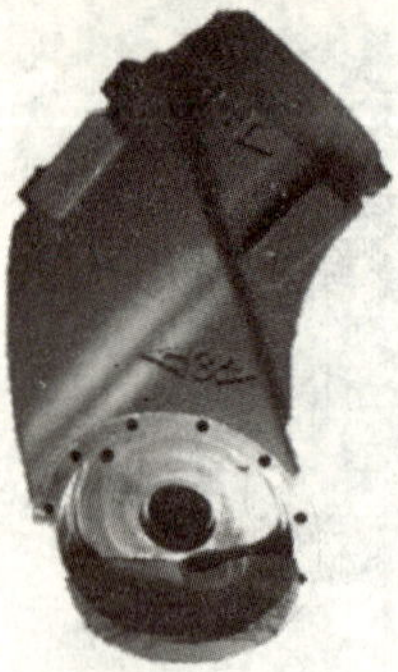

(a) 前臂驱动壳体

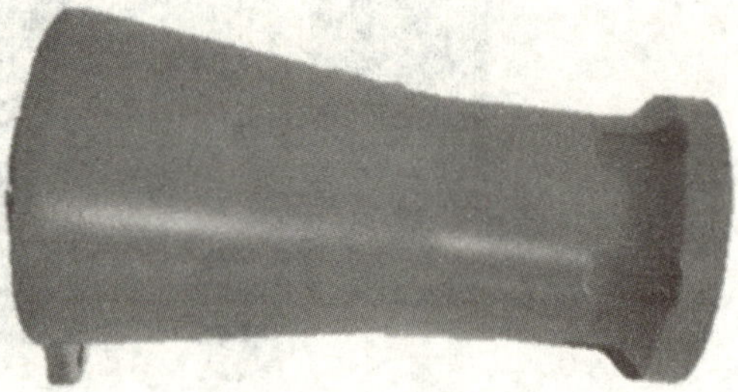

(b) 前臂筒实体零件

图 1-12 前臂驱动壳体和前臂筒

图 1-13 前臂驱动壳体的连接

图 1-14 J5 箱体主体和侧盖

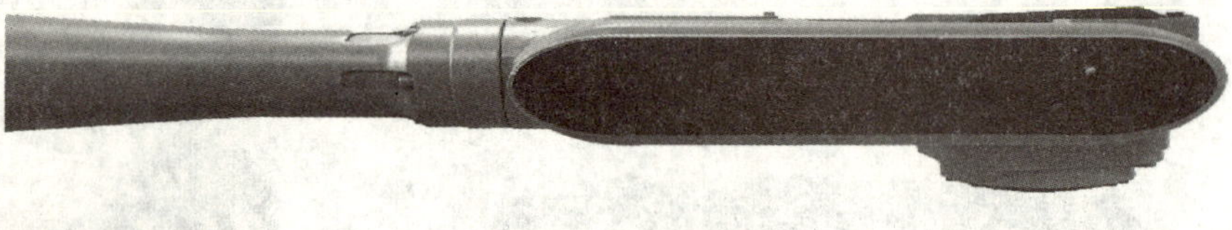

图 1-15 J5 连接

图 1-16 J6 箱体

机器人手腕部的另一个组件就是 J6 箱体，如图 1-16 所示，在 J6 箱体中安装电机和减速器，实现 J6 的转动，在手腕末端可以安装各类专用工具，组成手部，也就是末端执行器，来进行具体的任务操作。

以上就是机器人本体的相关知识，工业机器人的本体是机器人赖以完成工作任务的实体，相当于人的肢体。在后面的“项目三”中将介绍工业机器人中重要的传动部件，即减速器，它在很大程度上决定了工业机器人的速度、加速度（减速度）等性能。

任务三　工业机器人控制柜认识

【知识学习】

工业机器人
控制柜认识

在工业机器人系统中，电气控制柜是很重要的设备。顾名思义，电气控制柜就是利用电气系统实现某些功能控制的电柜，用于安装各种控制单元，进行数据处理及存储和执行程序，是机器人系统的大脑。根据被控制设备的多少、大小来选择不同的电气元件，安装在一个防潮、防锈、防尘、隔热，又可以移动的钢结构箱体内，组合成一个柜。

【任务实施】

下面以新时达机器人控制柜 SRC2 为例来介绍工业机器人电气控制柜的主要构造等知识。

1. 控制柜的正面构造介绍

图 1－17 所示为控制柜 SRC2 的正面示意图，主要包括旋转开关、主电上电指示灯、调试接口和控制柜开关把手。

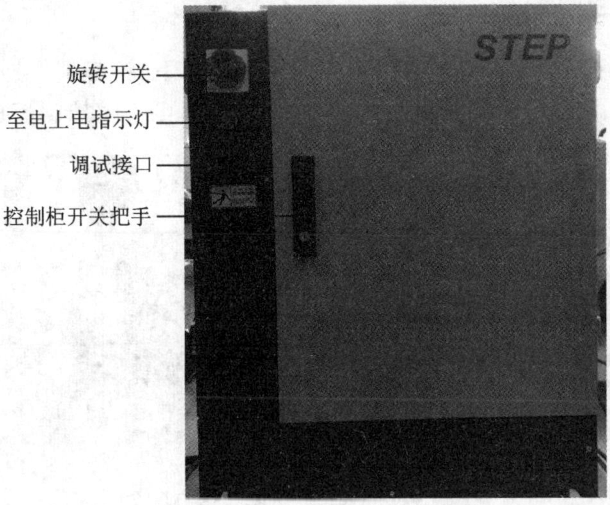

图 1－17　新时达控制柜 SRC2

电气控制柜上的旋转开关是用来控制控制柜的开启和关闭，如图 1－18 所示，OFF 挡位时是关闭状态，将开关逆时针旋转到 ON 挡位就会开启控制柜。

上电指示灯如图 1－19 所示，当控制柜完成启动后灯亮起。也就是说当旋转开关启动控制柜后，控制柜会经过几秒钟的启动过程，当完成启动后，上电指示灯亮，说明控制柜可以开始工作。

调试接口如图 1－20 所示，由数据线接口以及外部的保护盖组成。当需要对控制柜内部的元件进行性能等方面的调试时，可以打开保护盖，通过接口将控制柜与计算机连接起来。

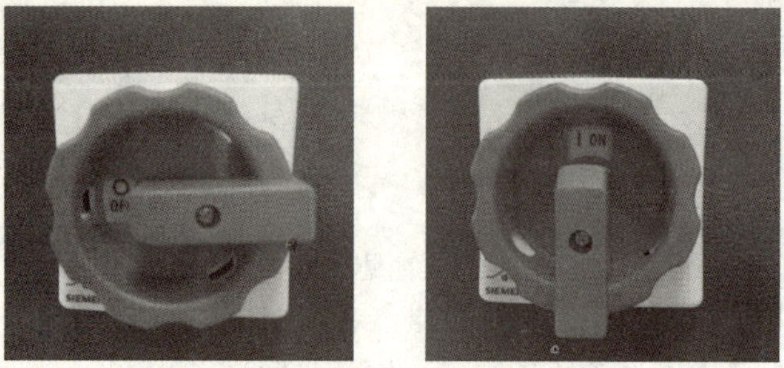

图 1 - 18　旋转开关

图 1 - 19　上电指示灯

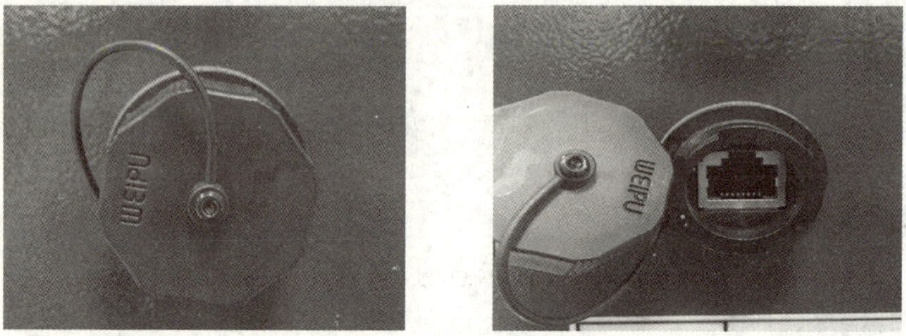

图 1 - 20　调试接口

电气控制柜的门把手如图 1 - 21 所示，在门闭合状态下，拉起把手逆时针旋转可以打开控制柜柜门，关闭时，先闭合门，然后顺时针旋转按下把手即可关闭控制柜柜门。

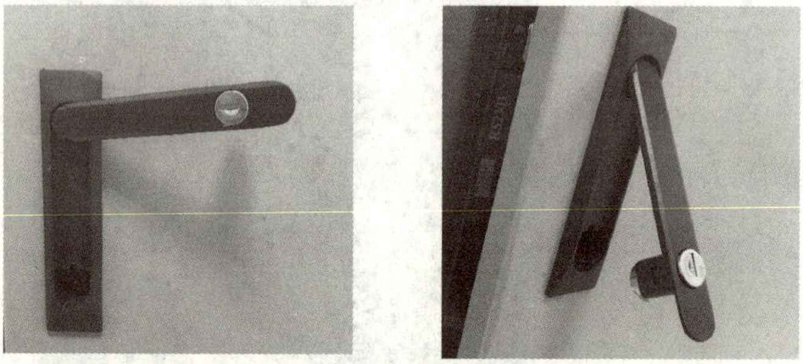

图 1 - 21　控制柜门把手

2. 控制柜的内部构造介绍

图 1 - 22 所示为控制柜 SRC2 的内部结构示意图和实际内部构造。图中 1 是机器人自主控制器，2 是电机伺服驱动器及其安装板，3 是断路器及其安装板，4 是接触器，5 是主电端子，6 是开关电源，7 是安全逻辑 I/O 板，8 是通信模块及其安装板，9 是控制柜斜面板。下面就一一介绍控制柜内部元件的主要功能。

(1)伺服驱动器

控制柜中共有 6 个伺服驱动器，分别为机器人 1～6 轴的电机伺服驱动器，用于驱动机器人各个轴的电机，如图 1 - 23 所示。其中，RS2312 是 1、2 轴的伺服驱动器，RS2306 是 3、4 轴

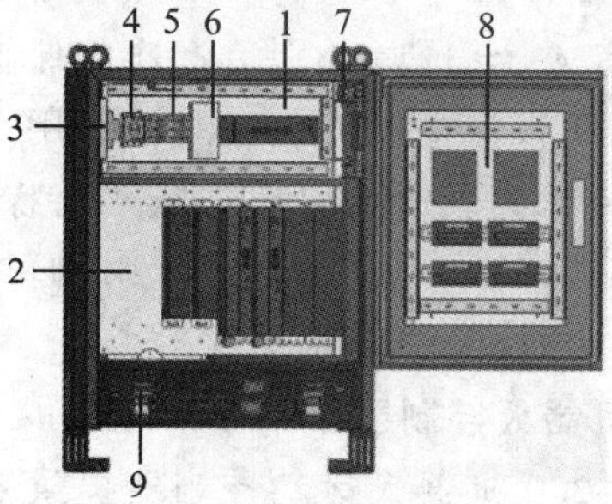

(a) 控制柜内部结构示意图

(b) 控制柜实际内部构造

图 1 - 22　控制柜内部构造

的伺服驱动器，RS2303 是 5、6 轴的伺服驱动器。

图 1 - 23　伺服驱动器

伺服驱动器主控采用高速 CPU 处理器与现场可编程门阵列(FPGA)协同处理技术，且集成了 PowerLink 与 EtherCAT 高速以太网总线、CANopen 现场总线，适用于多轴控制、高精度控制、同步控制等应用场合。

图 1 - 24 所示为伺服驱动器的正面和侧面的接线端口，其中 X1 端子共有 26 个引脚，在端

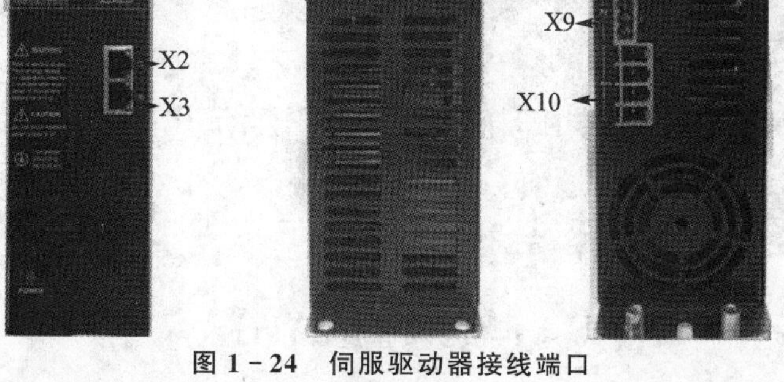

图 1 - 24　伺服驱动器接线端口

子左边有蓝色的引脚说明，主要是连接控制柜的输入部分、I/O 供电部分和输出部分；X2 端子是总线输入接口；X3 端子是总线输出接口；X4 端子有 4 个引脚，分别负责连接保护接地和主电源供电；X5 端子也是 4 个引脚，负责连接制动电阻和直流电源输入；X6 端子用来连接控制电源和抱闸电源；X7 端子用来连接编码器 ；X8 端子用来连接个人计算机或手持操作器接口；X9 端子的 4 个引脚分别连接抱闸制动器和温度传感器；X10 端子也是 4 个引脚，用来连接电机三相以及接地线。在控制柜中，仅使用伺服的部分功能，无须全部使用。

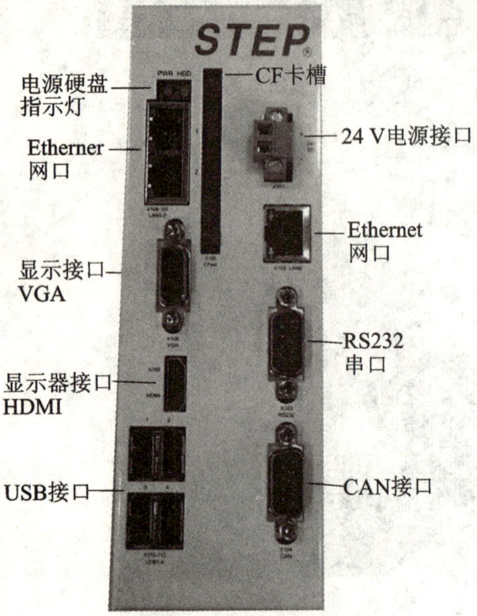

图 1-25　机器人运动控制器

(2) 机器人控制器

SRM1000 机器人运动控制器提供三个 Ethernet 网口（LAN0-2），1 个 RS232 串口，1 个 CAN 接口，2 个显示器接口（VGA 和 HDMI），4 个 USB 接口，1 个 CompactFlash 卡槽，如图 1-25 所示。

运动控制器的所有接口中机器人控制系统使用的接口有：电源接口、Ethernet 网口、CAN 接口。其中，Ethernet 三个网口的作用如下：

① X102：EtherCAT 接口，机器人控制系统内部采用的通信协议；

② X106：程序下载调试接口；

③ X107：示教器通信接口。

(3) 安全逻辑 I/O 板

安全逻辑板（SRE）主要指机器人控制系统安全逻辑管理部件，对整个系统的安全功能和相关逻辑进行集中管控，确保整个系统安全可靠、逻辑正常，如图 1-26 所示。

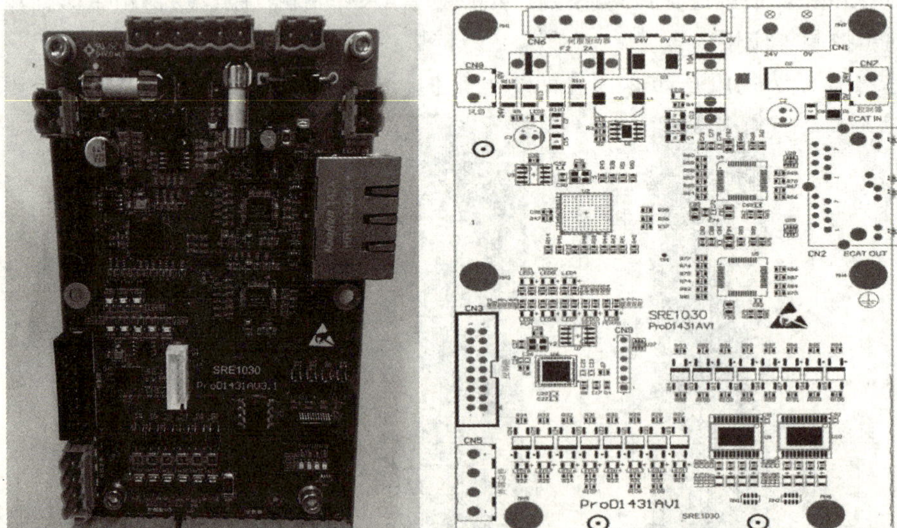

图 1-26　安全逻辑 I/O 板

安全逻辑 I/O 板主要实现以下功能：

① 电源控制功能：检测到控制电源输入后自动输出到控制器、伺服、风扇、示教器，实现控制器回路供电控制；检测系统一切正常后且门禁开关输入信号闭合时输出信号控制接触器闭合，主电导通，伺服上主电；

② 快速停止控制功能：手动模式下，按下三位使能开关后触发，用于快速停止机器人；

③ 安全转矩关断(STO)控制：紧急情况下，安全回路断开、严重报警等情况下触发，如拍下紧急关断按钮等操作，控制系统使能立即断开，触发紧急停止。

(4) 自主 I/O 模块

控制柜 SRC2 配置的通信模块为自主设计的数字量 I/O 模块，标准配置的 I/O 模块可以提供 16DI、16DO。另外，还可以根据客户需求扩充为 32DI、32DO，安装于控制柜的门内，如图 1-27 所示。

自主 I/O 模块 J8、J9 是电源接口，采用 24V 电源供电，共有两组 24V 电源接口，一组为系统工作提供电源，一组为输入/输出接口供电。这两组电源接口彼此间相互隔离，互不干扰。

图 1-27　自主 I/O 模块

J1、J2 是以太网接口，自主 I/O 模块采用 EtherCAT 现场总线协议，与控制器等外部控制器进行通信。

J7 是自主 I/O 模块扩展接口，输入/输出接口的数量可以根据客户的需求进行扩展，自主 I/O 模块采用 EBUS 总线，实现 I/O 模块间的通信。

J3 是 16 路数字量输入接口(DI)，通过扩展，最大可达 32 路。输入接口经过转接端子排后开放给客户，转接端子排共有两种型号，这两种型号的引脚定义不同，在使用时请注意区分。

J6 是 16 路数字量输出接口(DO)，其中 12 路数字量输出、4 路开关量输出。输出接口也可扩展，最大可达 32 路。输出接口经过转接端子排后开放给客户，转接端子排共有两种型号，这两种型号的引脚定义不同，在使用时请注意区分。

自主 I/O 模块提供 16 路 DI、12 路数字量 DO、4 路开关量 DO，另外还提供 4 路内部 24V 电源，可以方便客户使用。16 路 DI 位于 INPUT 端子排，整个 INPUT 端子排均为 DI 接口；12 路数字量 DO 位于 OUTPUT 端子排前 12 路，但 12 路 DO 仅对应 8 路 GND，前 4 路 GND 引脚预留给内部 24V 电源；4 路开关量 DO 位于 OUTPUT 端子排最后 4 路，且每路对应独立的 KCOM 引脚，4 路 KCOM 间互不导通，也不与 GND 导通；4 路内部 24V 电源位于 OUTPUT 端子排 GND 引脚排的前 4 位。

INPUT 端子排、OUTPUT 端子排共有两种安装方式：竖排、横排。使用 IO 时，请分清 INPUT 端子与 OUTPUT 端子。INPUT 端子排、OUTPUT 端子排中所有的 GND 引脚均在内部导通，也就是说 20 路 GND 相互连通，在接线时可以任意选用。

(5) 开关电源

图 1-28 所示为控制柜 SRC2 采用的魏德米勒 24V/10A 开关电源。开关电源的主要功能是将电能质量较差的原生态电源(粗电)，如市电电源或蓄电池电源，转换成满足设备要求的

图 1-28　开关电源

质量较高的直流电压(精电)。

针对不同的机型,控制柜为伺服驱动器提供控制电源的来源有所不同。对于新时达 SA1400、SA1800 机型的控制柜,柜内采用一个开关电源,所有的 24V 器件共用同一个 24V 电源。

对于 SR20、SR50、SR50E、SR50B、SR165、SR210、SP120、SP200、SP275 机型的控制柜,柜内采用两个开关电源,使用独立的开关电源为 6 个轴的伺服驱动器提供 24V 控制电压和 24V 抱闸电压。

(6) 断路器和接触器

断路器是指能够关合、承载和开断正常回路条件下的电流并能关合、在规定的时间内承载和开断异常回路条件下的电流的开关装置。断路器可用来分配电能,不频繁地启动异步电动机,对电源线路及电动机等实行保护,当它们发生严重过载或者短路及欠压等故障时能自动切断电路。在控制柜 SRC2 中采用的是图 1-29 所示的断路器。

控制柜中选用的接触器是施耐德的直流 24V/18A 接触器,用来控制直流负载,如图 1-30 所示。

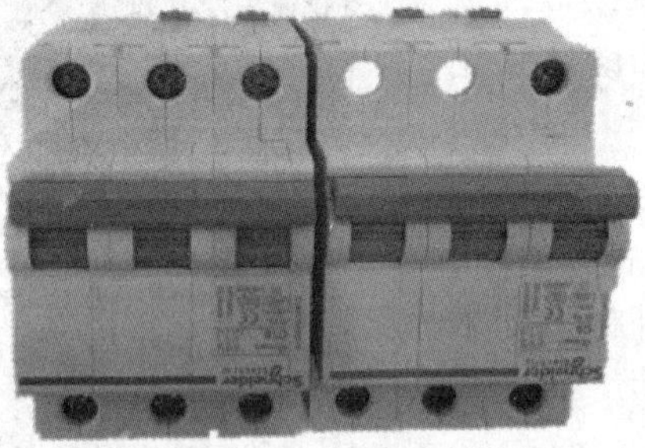

图 1-29　断路器

图 1-30　直流接触器

(7) 控制柜接线斜面板

在控制柜的内部下方安装有接线斜面板,如图 1-31 所示,1 是预留接口;2 是机器人动力线接口;3 是扩展板接口,可以根据需要进行自定义;4 是机器人编码器接口;5 是手持式示教器接口。

图 1-31　接线斜面板

3. 控制柜的背面构造介绍

控制柜 SRC2 的背面结构根据配套机器人本体的型号不同而略有差别，主要区别为制动电阻的数量及规格以及是否需要安装变压器，图 1－32 所示为配套 SA1400 机器人本体的控制柜 SRC2 的背面结构图，结构中安装有排风扇及安装板、内部变压器、滤波器和制动电阻安装板。在控制柜的侧面安装有示教器支架，如图 1－33 所示。

图 1－32　控制柜背面构造

图 1－33　示教器及其支架

控制柜后面有一组向外抽气的风扇，如图 1－34 所示，主要用来构成冷却装置。控制柜底部设计有进气口，冷空气从进气口进入柜内，伺服驱动器自带散热风扇，排出的热空气通过安装板上的孔洞进入控制柜背面，最后由抽气风扇将其排出。

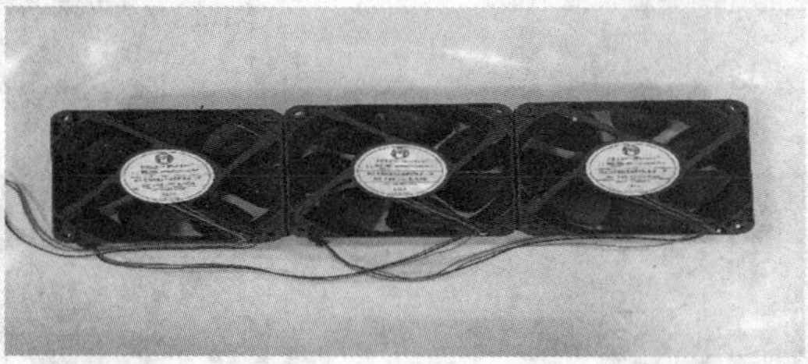

图 1－34　风　扇

滤波器可以对电源线中特定频率的频点或该频点以外的频率进行有效滤除，得到一个特定频率的电源信号，或消除一个特定频率后的电源信号。控制柜 SRC2 中采用的是如图 1－35 所示的通用滤波器。

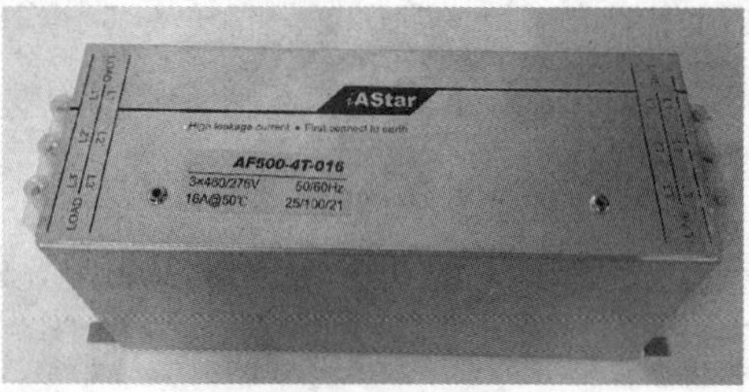

图 1－35　滤波器

图 1-36　变压器

控制柜中安装的变压器是科晟隆 SG 系列的 380V/220V、3kV · A 的变压器，如图 1-36 所示。这种变压器不仅具有变压功能，还可隔离电网对设备的三次谐波，保护机器产生的发热，并延长绝缘材料的寿命。

以上就是电气控制柜的主要元件构造，将这些电气元件按照一定位置安装在控制柜中，按照原理图进行接线连接，就完成了一台电气控制柜的组装。最后通过调试达到理想状态，以实现电气控制。

任务四　示教器认识

【知识学习】

认识示教器

在机器人的使用过程中为了方便地控制机器人，并对机器人进行现场编程调试，每个型号的机器人都会有自己的手持编程器，机器人手持式编程器常被称为示教器。

新时达 SA1400 机器人示教器的外观如图 1-37 所示，使能开关分为三挡，分别为 OFF 状态、使能 ON 状态以及使能断掉 OFF 状态。

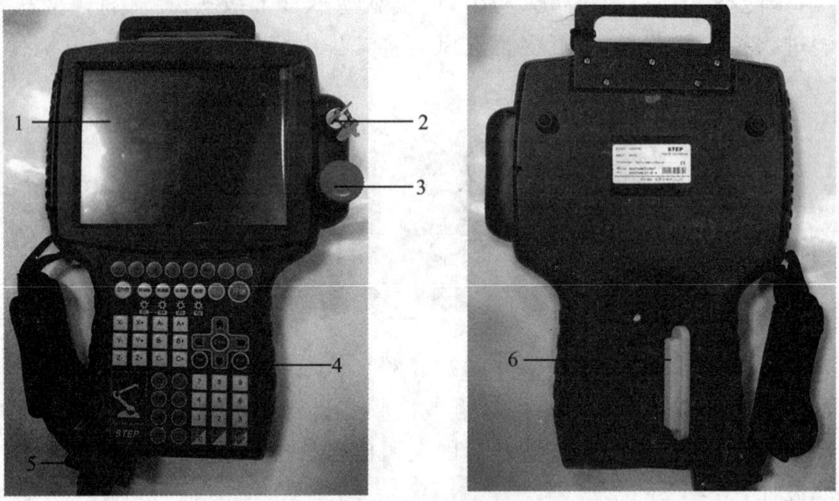

1—LED显示屏(用于显示所有操作界面)；2—钥匙开关(用于切换运行方式)；
3—急停开关(紧急停止按钮)；4—状态指示灯和按键；
5—连接线缆(用于与机器人连接)；6—三位使能开关

图 1-37　示教器正面及反面外观

下面具体介绍新时达机器人示教器上的状态指示灯和按键，图 1-38 所示为示教器上部按键和指示灯。

具体按键的功能见表 1-1。

图 1－38　上部按键和指示灯

表 1－1　上部按键功能

序　号	按键名称	功能说明
1	F1	用于仿真折弯和真实折弯切换
2	F2	用于仿真焊接和真实焊接切换
3	F3	暂未开发
4	F4	暂未开发
5	点动	用于切换点动坐标系
6	单步	用于切换程序运行模式
7	V－、V＋	用于进行机器人速度的调节
8	Shift	上挡转换键
9	附加轴	用于切换附加轴信息
10	单清错	用于清除单条错误
11	全清错	用于清除全部错误
12	使能	用于自动模式下上使能
13	停止	用于暂停或者停止程序
14	开始	用于开始程序

示教器上设有 4 个 LED 指示灯，如图 1－39 所示，其作用如下：

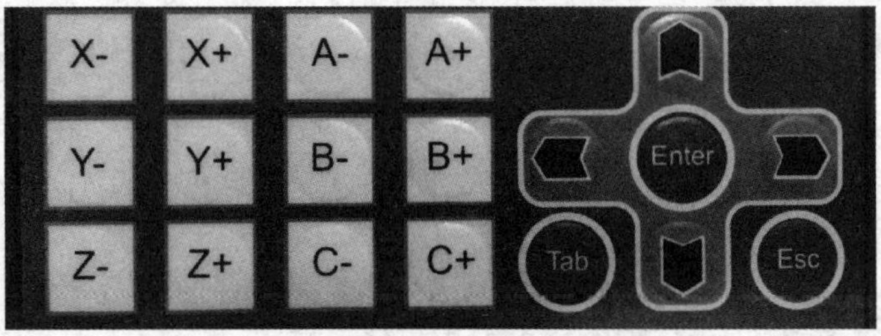

图 1－39　示教器中部按键

① Run 指示灯用于指示当前是否有程序正在运行，灯亮表示机器人在运动，灯灭表示机器人停止运动。

② Error 指示灯用于指示当前机器人系统是否有错误报警信息，灯亮表示有错误报警信息，灯灭表示无错误报警信息。

③ Motion 指示灯用于指示当前机器人使能状态，灯亮表示机器人使能已经打开，灯灭表示使能未打开。

④ Process 指示灯尚未开发。

示教器中部的按键如图 1－39 所示。

其中 X－、X＋、Y－、Y＋、Z－、Z＋、A－、A＋、B－、B＋、C－、C＋是点动按键，在关节坐标系下为 A1、A2、A3、A4、A5、A6 六个轴的正向运动与负向运动，在笛卡儿坐标系下为 XYZ 的位置和 ABC 的姿态。

右侧上下左右为光标按键，可以在程序中移动蓝色光条，可以在数字中移动光标。而 Enter、Tab、Esc 这三个按键的功能暂未开发。

示教器下部按键如图 1－40 所示。

图 1－40　示教器下部按键

具体按键的功能见表 1－2。

表 1－2　下部按键功能介绍

序　号	按键名称	功能说明
1	设置	用户管理快捷界面(用户登录、控制权限获得与释放) ●用户编辑(用户编辑、新建、删除操作)
2	IO	用于快捷进入 IO 监视界面
3	工程	● 快捷进入工程界面用于对工程界面进行编辑操作 ● 对程序进行管理操作、编辑操作

续表 1-2

序　号	按键名称	功能说明
4	程序	用于打开最近一次打开或者加载的程序
5	变量	用于维护示教器程序变量，提供的功能主要包括：变量显示、变量修改、新建、复制、剪切、粘贴、删除、重命名，机器人坐标系和工具变量的配置界面等
6	位置	用于显示当前机器人 TCP 点实时位置，设置机器人速度、点动参考坐标系、工具等
7	信息	主要用于显示机器人发生故障的错误报警信息
8	日志	主要用于显示机器人一段时间的日志
9	右侧数字	输入按键，最下面三行是复合键，正常按下分别为“0”、“.”、“back 向前删除”，按住“shift”后再按下这三个键为“＋”、“－”、“del 向后删除”

以上就是新时达机器人示教器的全部按键的介绍。在正确使用示教器时，右手持示教笔进行屏幕和按钮的操作，左手放在三位开关上，如图 1-41 所示。

图 1-41　正确手持示教器姿势

接通机器人控制柜的电源，机器人将启动，机器人的示教器也将自动启动，示教器的操作界面状态栏如图 1-42 所示，可以直观地显示当前机器人内部的一些状态。

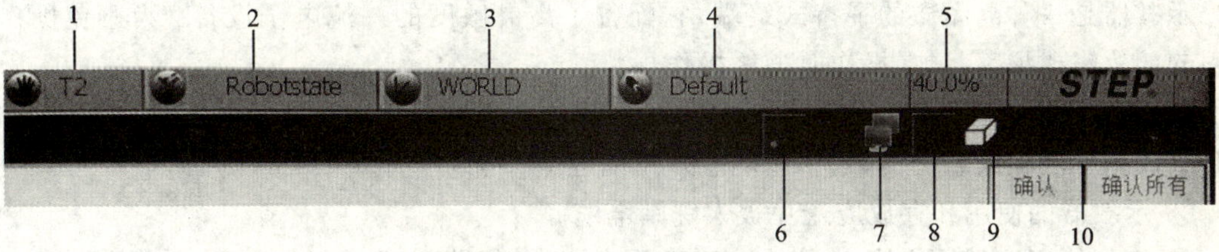

图 1-42　操作界面状态栏

图中 1 显示的是运行方式，共有 3 种，分别是手动模式 T2、自动模式 A 和外部自动模式 AE。

图中 2 显示的是使能状态，查看是否上使能，红色×表示使能关闭，如果是绿色√则表示使能开启。

图中3显示的是机器人的参考坐标系，需要在机器人程序中设定。

图中4显示的是当前机器人系统内部工具，Default表示的是无工具状态，机器人系统工具设置有2种方式：一是在机器人程序中设置，二是在机器人位置界面中通过工具设定下拉框来设置。

图中5显示的是机器人运行速度参数，速度设置有3种方式：程序中设置；通过机器人位置界面中的“速度设置”；通过面板按键“V+”“V-”来设置。

图中6显示的是机器人进行焊接仿真和操作的状态。

图中7显示的是机器人的通信状态。

图中8显示的是机器人急停按键的状态，如果有红色叹号表示按下了急停按键。

图中9显示的是机器人工作空间的状态。

图中10显示的是机器人报警信息确认按键，用于确认机器人系统内部报警信息，只有系统内部报警信息全部确认后，机器人才能再次上使能。

完整的状态栏布局如图1-43所示。

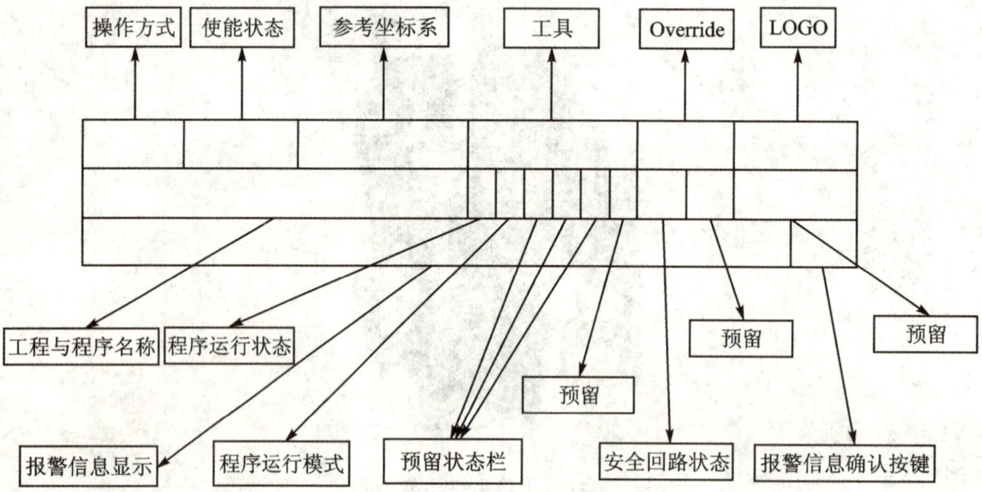

图1-43　完整状态栏布局

当机器人选中工程程序后，状态栏中还会显示出其他一些状态信息，如图1-44所示。

示教器是一种高品质的手持式终端，它配备了高灵敏度的一流电子设备。为避免操作不当引起的故障或损害，请在操作时遵循操作规范。

① 小心操作。不要摔打、抛掷或重击设备，这样会导致破损或故障。在不使用该设备时，应将它放到专门存放它的支架上，以防意外掉到地上。

② 示教器的使用和存放应避免被人踩踏电缆。

③ 切勿使用锋利的物体（例如螺钉、刀具或笔尖）操作触摸屏。这样可能会使触摸屏受损。应用手指或触摸笔去操作示教器触摸屏。

④ 定期清洁触摸屏。灰尘和小颗粒可能会挡住屏幕造成故障。

⑤ 切勿使用溶剂、洗涤剂或擦洗海绵清洁示教器，应使用软布蘸少量水或中性清洁剂清洁。

⑥ 没有连接USB设备时务必盖上USB端口的保护盖。如果端口暴露在灰尘中，会使示

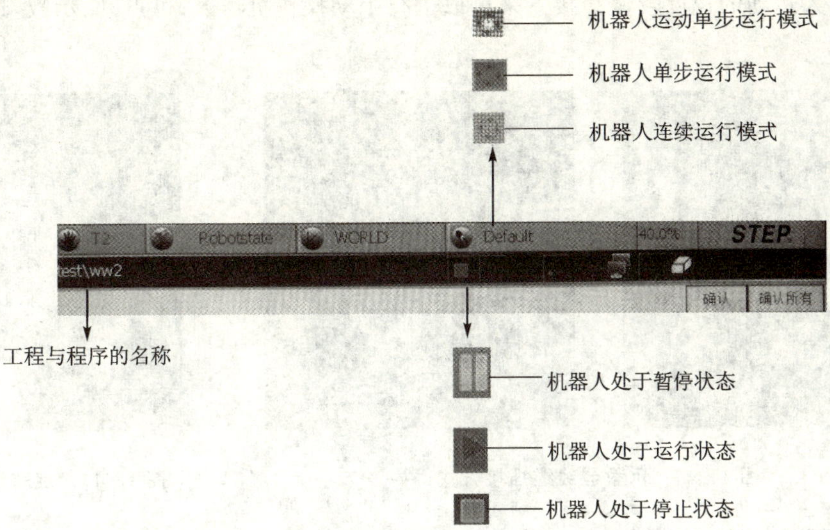

图 1－44　选中工程模式后状态栏显示

教器中断或发生故障。

【任务实施】

新时达机器人的示教器是通过一根线缆与控制柜相连接的，图 1－45 所示为示教器的线缆和控制柜接线斜面板上的示教器插口。

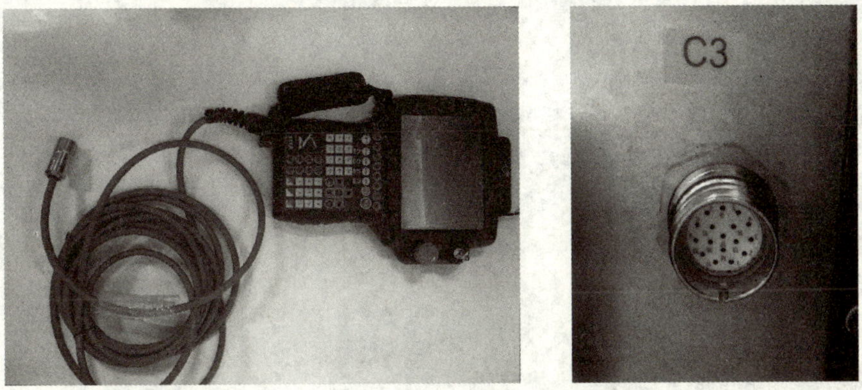

图 1－45　示教器线缆及控制柜上插口

安装示教器的操作步骤如下：

① 仔细观看示教器线缆插头针孔的位置，然后对准控制柜接线斜面板上的插口插入示教器插头，如图 1－46 所示。

② 插紧后逆时针旋转插头上的锁紧装置，如图 1－47 所示。将插头固定到插口上。

③ 安装完成后，将控制柜的下方挡板安装好，然后将示教器挂在控制柜上即可。

在示教器的右上方有一个旋转钥匙开关用于切换机器人运行方式，钥匙插到示教器这个插口上之后就可以进行手动/自动/外部自动模式的切换。具体操作步骤如下：

① 将钥匙开关旋至右侧为手动模式，在示教器的状态栏中显示出手动模式的标志 T2，手

动控制机器人运动的速度较慢。接下来可以进行手动操作机器人，可点动、示教，还可以编写、调试程序。

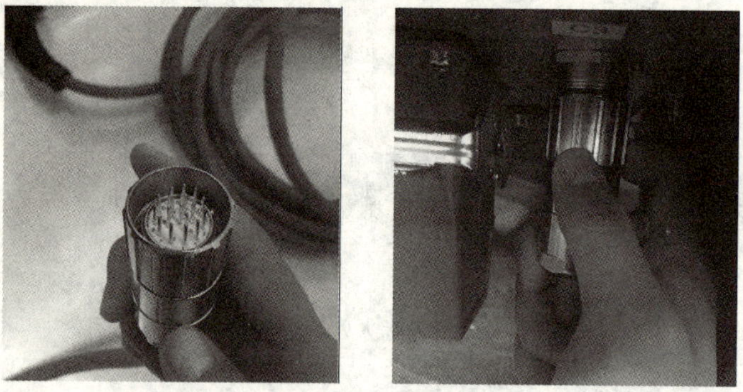

图 1-46　示教器线缆插接方式

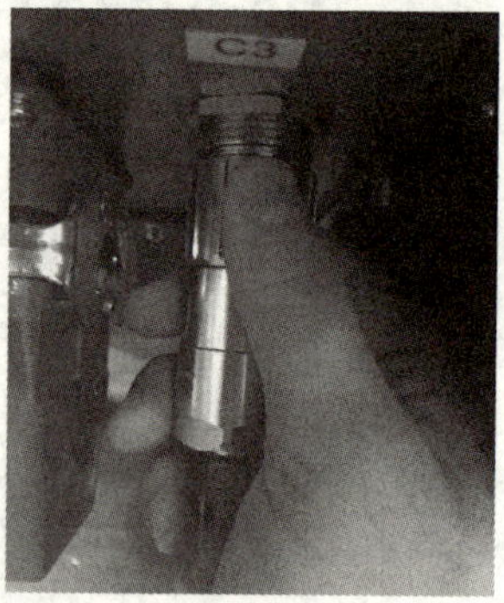

图 1-47　旋转锁紧装置

② 将钥匙开关旋至中间为自动模式，机器人可以自动运行已经编写好的作业程序。在自动模式启动前，首先需要在手动模式下调试好作业程序，同样在示教器的状态栏中显示出自动模式的标志 A，机器人自动运行的速度较快。

③ 将钥匙开关旋至左侧为外部自动模式，可通过外部控制盒控制机器人的运动，不再通过示教器控制（急停开关除外）。在示教器的状态栏中显示出外部自动模式的标志 AE，此种模式适合工程项目。

项目二　工业机器人现场安装

任务一　工业机器人本体和控制柜的吊装与固定

工业机器人
本体和控制柜的
吊装与固定

【知识学习】

出厂后的机器人本体需要安装到工作站中合适的位置，安装时一般不直接将本体安装于地面，而是使用机器人底座。机器人底座可以自行设计，也可以向机器人厂家定制。对于重载机器人可以采用吊运或者是叉车起重机搬运的方法将机器人安装到底座上。对于轻载机器人，可以直接人工搬运到工作台上。

在搬运前，机器人的本体要调整到合适的姿态，一般出厂的机器人本体已经调整到适合搬运的状态，如图 2-1 所示，机器人 A2 轴成 45°，A3 轴是向下偏 10°，A5 轴是 45°，使机器人重心尽量低且尽量居中，可以防止机器人倾倒，不同型号的机器人的搬运姿态不同。图 2-2 所示是新时达 SA1400 机器人的搬运姿态，关节 J1 是 0°，J2 是－55 °，J3 是 70 °，J4 是 0°，J5 是＋120 °，J6 是 0°。

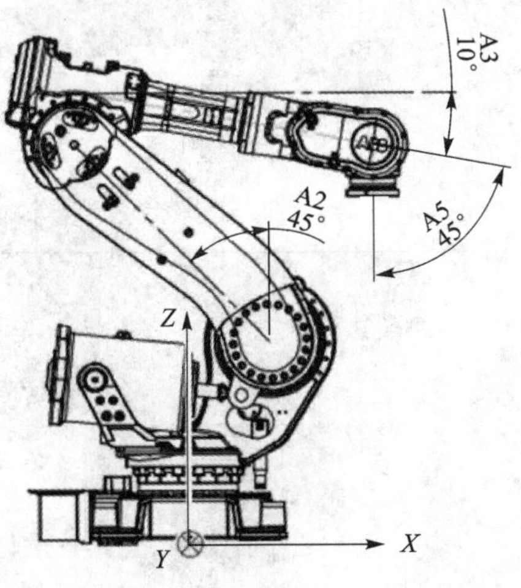

图 2-1　机器人适合搬运的姿态

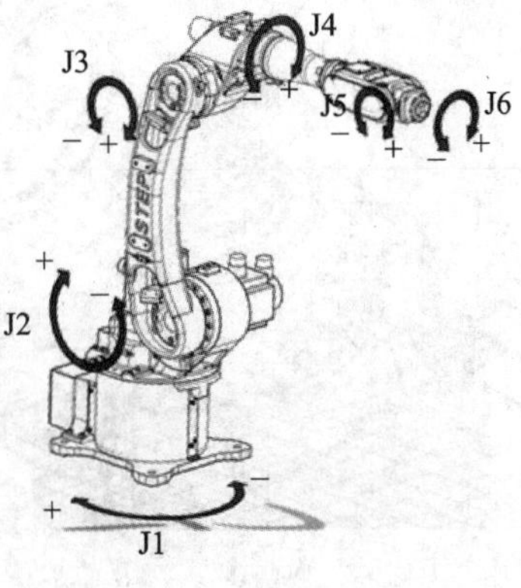

图 2-2　SA1400 搬运姿态

吊运的方法：采用吊车吊装机器人，然后将其吊运到合适的位置，需要具有资深吊装资格的人员进行操作，防止出现安全事故。如图 2-3 所示，用吊带穿过机器人本体上的吊环，为了防止吊运时机器人歪斜，在机器人手臂上也可以绑上吊带，然后将机器人吊装起来。图中 A、B 部分是专门做的防护垫，防止吊带损坏本体。

当用叉车搬运时则是利用叉车将机器人转运到工作站安装机器人位置旁，再经过搬运使机器人安装到底座上。机器人的外包装有叉车底板，方便叉车搬运，也可以在机器人的底座上安装上叉槽工装，叉槽工装是机器人设备的附件。每次运输时，请确保叉槽工装可靠安装且机

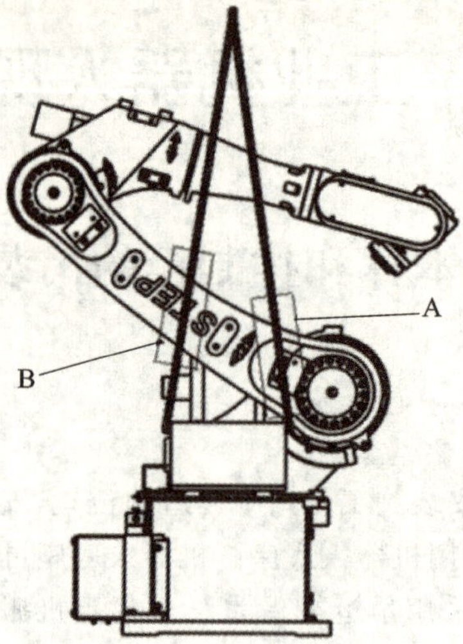

图 2-3 吊运机器人本体

器人必须要调整到转运姿态。如图 2-4 所示，四个叉槽工装可以方便叉车插入进行搬运。搬运时要选择有足够负载能力的叉车，搬运过程中注意不要碰伤电机、连接器和机器人电缆。新时达机器人的搬运专用工装如图 2-5 所示。

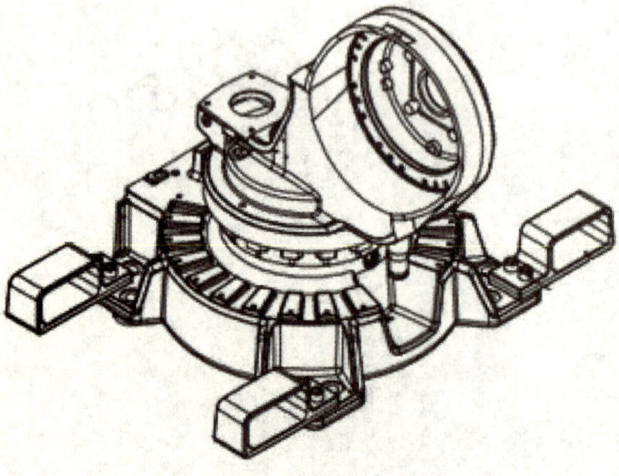

图 2-4 机器人底座安装叉车架

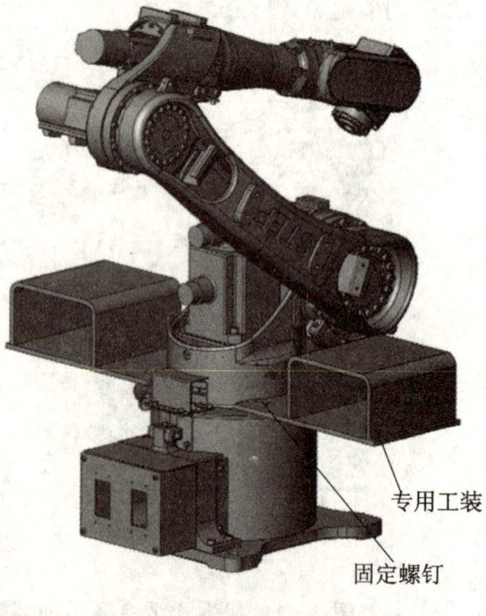

图 2-5 搬运专用工装及螺钉

控制柜内部元件接线安装完成后，需要将控制柜搬运到合适的位置。小型控制柜可以直接搬运到合适位置。标准型控制柜的搬运方式可以是吊运和叉车搬运。吊运，一般会在控制柜的上边安装有吊环，方便吊运使用，新时达 SA1400 控制柜上的吊环如图 2-6 所示。用吊运的方式吊起控制柜 SRC2 到指定位置，吊线的最大角度如图 2-7 所示。

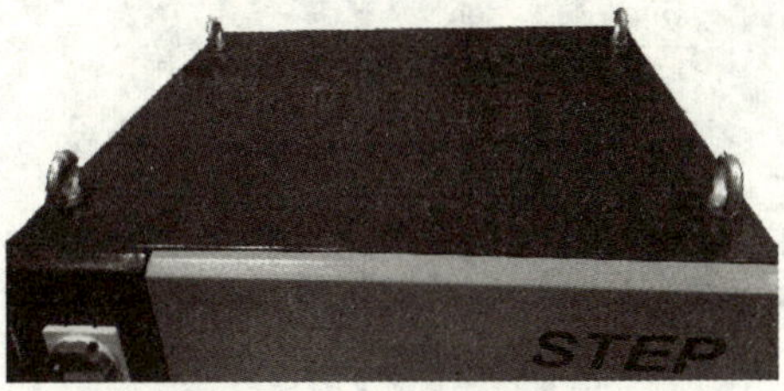

图 2-6　控制柜吊环

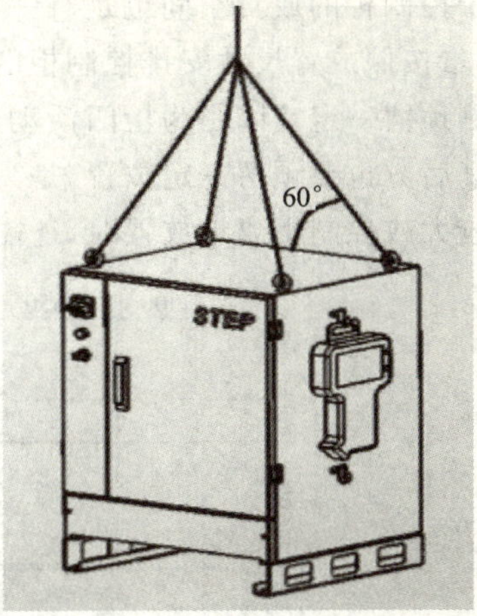

图 2-7　吊线角度

搬运控制柜时根据大小关系,可采取如图 2-8 所示搬运方式。为了保证控制柜搬运过程中的安全,在按如图 2-9 所示的搬运方法进行搬运时,须对控制柜加以固定。搬运控制柜时,只能从控制柜的正面或背面进液压车(或叉车),并注意控制柜下部的接插口。叉车搬运时,如果外部包装有底板,可以直接使用外部包装的底板进行搬运。

使用叉车搬运控制柜时,应遵守下列防范措施:

① 注意搬运过程中搬运者与他人的人身安全。

② 确认控制柜底部接插件已取下。若未取下,搬运过程中会有损坏的风险。

③ 确认叉车宽度与控制柜底座宽度的大小关系。

④ 确认作业环境的安全,保证控制柜能被安全地搬运到安装场地。

⑤ 搬运过程中应尽量放低控制柜的高度,并避免控制柜倾倒和移动。

图 2-8　液压车搬运方式

图 2-9　叉车搬运方式

对于控制柜的放置空间也是有一定的要求，图 2 - 10 所示是 ABB IRC5 控制柜的放置尺寸图，尽量按照放置尺寸安排控制柜的位置，这样可以保证良好的散热且检查维修方便。开柜门的一侧预留一定空间是为柜门活动所预留，柜门可以打开 180°，以方便内部器件的维修更换。在其后方也要预留一定位置，是为背面板打开后维修更换器件所预留。当机器人工作环境震动较大或控制柜离地放置时，还需将控制柜固定于地面或工作台上。

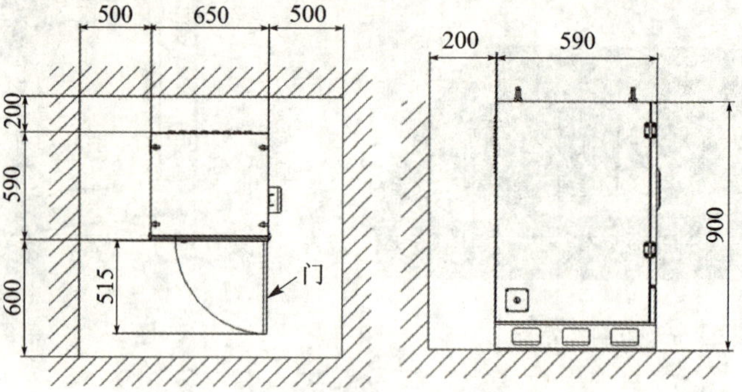

图 2 - 10　ABB IRC5 控制柜的放置尺寸

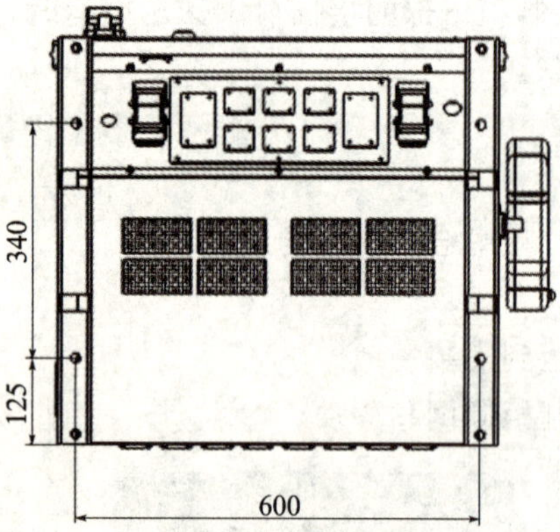

图 2 - 11　固定孔尺寸

放置后要打开控制柜，检查安装板、电力部件及伺服驱动器等有无在运输中造成松动，如有松动，应重新固定各器件。还要检查线缆有无松动，如有松动，应重新连接相应线缆。

图 2 - 11 所示为新时达控制柜 SRC2 固定在工位时的固定孔尺寸，当机器人工作环境震动较大或控制柜离地放置时，须将控制柜固定于地面或工作台上。固定控制柜时，固定孔的直径为 14mm，使用 M12 的螺钉进行固定。

机器人本体被放置到合适位置后，需保证安装的牢固可靠，故在安装前就需要考虑固定方法。新时达机器人对基座的要求和底座的安装孔尺寸如图 2 - 12 所示，用 M16 的螺钉连接机器人底座与基座，底板的厚度不少于 20mm。

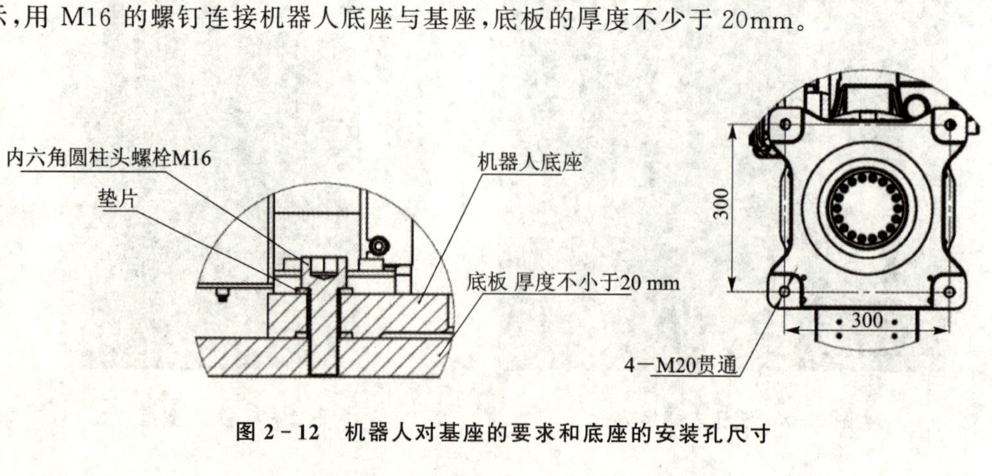

图 2 - 12　机器人对基座的要求和底座的安装孔尺寸

【任务实施】

新时达机器人和控制的安装和固定。

① 将控制柜和机器人本体从运输的木箱中取出，确定运输中无破损，如图 2－13 所示。

图 2－13　机器人的拆箱检查

② 将机器人和控制柜吊运或者用叉车搬运到合适位置，然后用螺栓（M16×35）将机器人本体固定在水平地面上，保证其不会倾倒或移动，如图 2－14 所示。

③ 按照控制柜固定尺寸将控制柜固定安装在地面上，如图 2－15 所示。

图 2－14　固定机器人本体

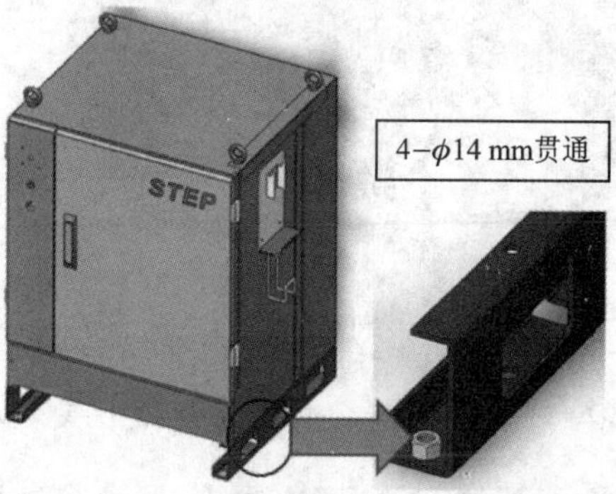

图 2－15　控制柜的固定

下面再介绍多功能工业机器人工作站中 ABB IRB 120 机器人的固定，具体操作步骤如下：

① 将机器人 IRB120 放置到工作台底座上，并将机器人底座的四个安装孔与工作台安装底座上的四个螺纹孔对齐，如图 2－16 所示。

② 按照对角方向将两个内六角螺栓拧上，并预紧，如图 2－17 所示。

③ 按照另一个对角方向将另外两个螺栓拧上，并预紧。四个螺栓预紧后，再次确定机器人的位置摆放合适，然后将四个螺栓全部拧紧。如图 2－18 所示，IRB120 机器人被固定在了工作台上。

若是将机器人固定在地面，建议使用化学锚栓而不是膨胀螺栓，化学锚栓比膨胀螺栓更耐机器人运动造成的振动。

图 2-16　机器人底座与工作台底座安装孔对齐

图 2-17　预紧对角螺栓

图 2-18　机器人底座被固定

任务二　工业机器人本体和控制柜的安装与接线

工业机器人本体和控制柜的安装与接线

【知识学习】

机器人与控制柜之间的线缆用于机器人电机的电源和控制装置，以及编码器接口板的反馈，连接包括与机器人本体的线缆连接和电源连接。电气连接插口因机器人型号不同而略有差别，但是大致相同。在订购机器人产品后，每套机器人产品均配备一套标准线缆，用于连接控制柜和机器人本体。

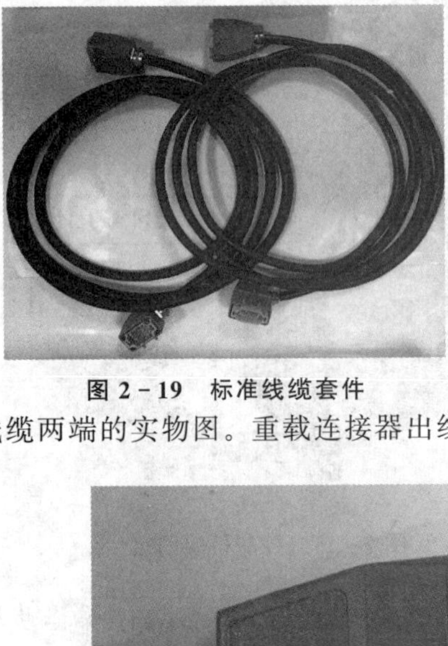

图 2-19　标准线缆套件

新时达 SA1400 机器人配备的标准线缆套件包含 2 根线缆：机器人动力线缆和机器人编码器信号线缆，如图 2-19 所示。

线缆两端均采用重载连接器方式进行连接，但两端的重载连接器出线方式、线标均不同，连接的接插件也不同。出线方式分侧出式和中出式，如图 2-20 所示为线缆两端的实物图。重载连接器出线方式为侧出的一端接于控制柜 SRC2 斜面板，动力线缆

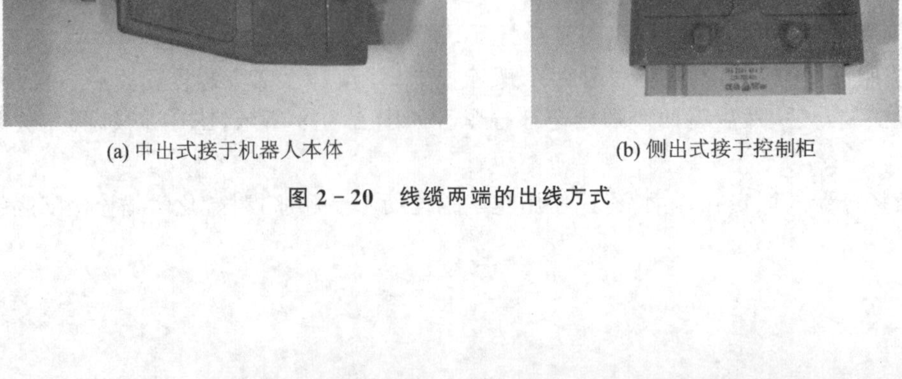

(a) 中出式接于机器人本体　　(b) 侧出式接于控制柜

图 2-20　线缆两端的出线方式

和编码器信号线缆的线标分别为 C1 和 C2。重载连接器出线方式为中出式的一端接至机器人本体上，线标分别为 R1 和 R2。使用时，将其连接到控制柜或机器人本体，连接时请分清线缆的两端，以防接错，损坏线缆。

两根线缆采用的重载连接器的插芯是不相同的，使用时根据重载连接器的插芯进行区分。如图 2－21 所示为动力线缆和编码器信号线缆的重载连接器的插芯。

(a) 动力线缆的重载连接器插芯

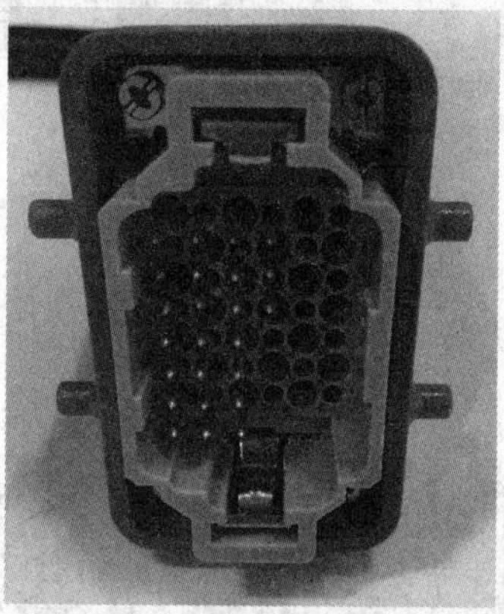

(b) 编码器信号线缆的重载连接器插芯

图 2－21　动力线缆和编码器信号线缆连接器的插芯

另外，标准线缆套件中线缆的长度可以选择，有 5 m、8 m 和 10 m 这三种规格，订购时请根据实际现场情况选择，如果长度仍然不够，可额外订购延长线。

【任务实施】

以 SA1400 机型机器人为例，介绍标准线缆套件的使用方法，将机器人本体与控制柜连接在一起，连接线缆的走线方式如图 2－22 所示。示教器线缆的连接上面有介绍，这里将介绍动力线、编码器线的连接和控制柜电源线的连接。

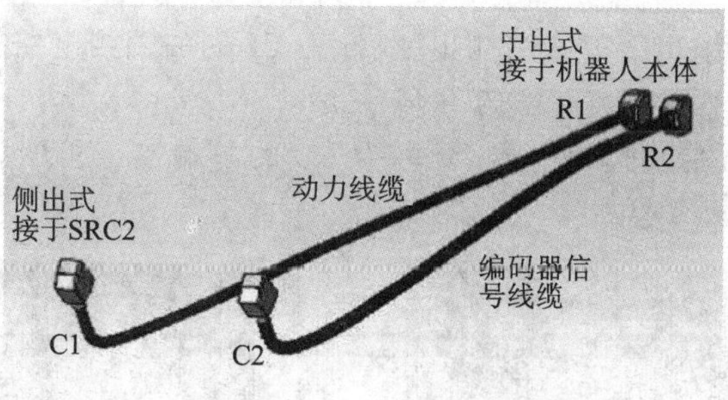

图 2－22　机器人本体与控制柜的连接

① 拧下控制柜前下方面板上的两个螺丝，待线缆连接完成后再将面板安装上，露出控制柜的线缆连接头，连接动力线和编码器线。如图 2－23 所示是控制柜上的插口和机器人本体上的插口。

② 拆开标准线缆套件，取出动力线缆和编码器信号线缆。

③ 仔细分辨出动力线缆和编码器信号线缆，然后将动力线缆出线方式为侧出、线标为 C1

图 2-23　控制柜上的插口和机器人本体上的插口

的一端接至控制柜 SRC2 斜面板 C1 接口中，看准插芯孔针的位置对准然后再接入，最后扣紧上下的锁紧装置，如图 2-24 所示。

④ 再将动力线缆出线方式为中出、线标为 R1 的一端接至机器人本体的 R1 接口中，扣紧上下的锁紧装置，如图 2-25 所示。

图 2-24　C1 接口连接方式

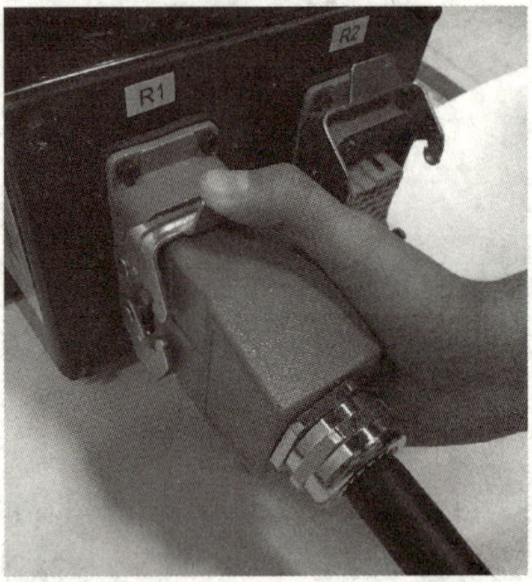

图 2-25　R1 接口的连接方式

⑤ 将编码器信号线缆出线方式为侧出、线标为 C2 的一端接至控制柜 SRC2 斜面板 C2 接口中，如图 2-26 所示。

⑥ 再将信号线缆出线方式为中出、线标为 R2 的一端接至机器人本体的 R2 接口中，如图 2-27 所示。

图 2-26　C2 接口的连接方式

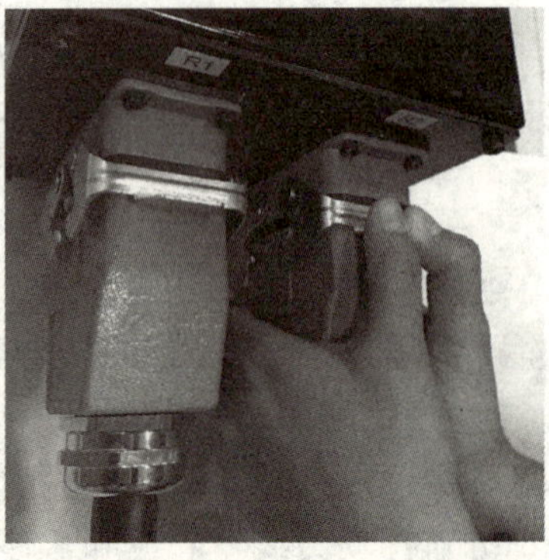

图 2-27　R2 接口的连接方式

⑦ 再次检查线缆的连接，确保线缆的走线方式正确，即线缆从控制柜背面拉出，确认无误，完成控制柜 SRC2 与本体线缆的连接。控制柜和本体线缆连接成功示意图如图 2－28 所示。

图 2－28 控制柜与本体连接完成

这样，机器人与控制柜上的线缆就连接完成了，通过这些线缆在机器人与控制柜之间建立了电源与信号的联系，上电后能够使机器人进行相应的操作。

项目三　工业机器人机械装配与调试

任务一　RV 减速器的安装

RV 减速器

【知识学习】

在生产制造过程中，工具是用来加工制造产品的器具，在装配和调试的过程中更是离不开工具，下面就详细介绍在机械装配和调试中需要使用的工具及其使用方法。

1. 螺丝刀

螺丝刀是一种用来拧转螺丝钉以迫使其就位的工具，通常有一个薄楔形头，可插入螺丝钉头的槽缝或凹口内，也称为螺钉旋具、改锥。螺丝刀按不同的头型可以分为一字、十字、米字、星型（电脑）、方头、六角头、Y 型头部，等等，其中一字和十字是最常用的，像安装、维修这类都要用到，可以说只要有螺丝的地方就要用到螺丝刀。按操作形式不同，可以分为自动、电动和气动等形式。

一字形螺丝刀主要是用来旋转一字槽形的螺钉、木螺丝和自攻螺丝等，有多种规格，如图 3－1 所示。通常说的大、小螺丝刀是用手柄以外的刀体长度来表示的，常用的有 100 mm、150 mm、200 mm、300 mm 和 400 mm 等，要根据螺丝的大小选择不同规格的螺丝刀。

十字形螺丝刀主要是用来旋转十字槽形的螺钉、螺丝等，如图 3－2 所示。在使用十字螺丝刀时，应注意使旋杆端部和螺钉槽相吻合，否则容易损坏螺钉的十字槽。

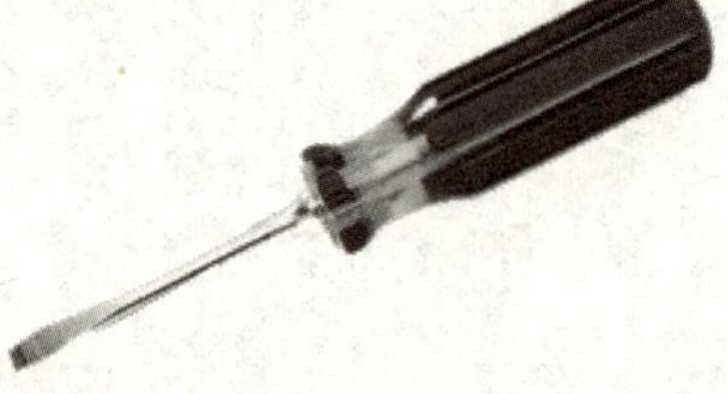

图 3－1　一字形螺丝刀

图 3－2　十字形螺丝刀

电动螺丝刀即电动起子，是在普通螺丝刀的基础之上，加以电力为驱动，有的还会装有调节和限制扭矩的机构，用于拧紧和旋松螺钉用的电动工具，大大提高了工作效率，如图 3－3 所示。

气动螺丝刀是用压缩空气作为动力来运行。有的装有调节和限制扭矩的装置,称为全自动可调节扭力式;有的无以上调节装置,只是用开关旋钮调节进气量的大小以控制转速或扭力的大小;称为半自动不可调节扭力式。气动螺丝刀主要用于各种装配作业。由气动马达、捶打式装置或减速装置几大部分组成。由于它的速度快、效率高、温升小、已经成为组装行业必不可缺的工具,如图 3-4 所示。

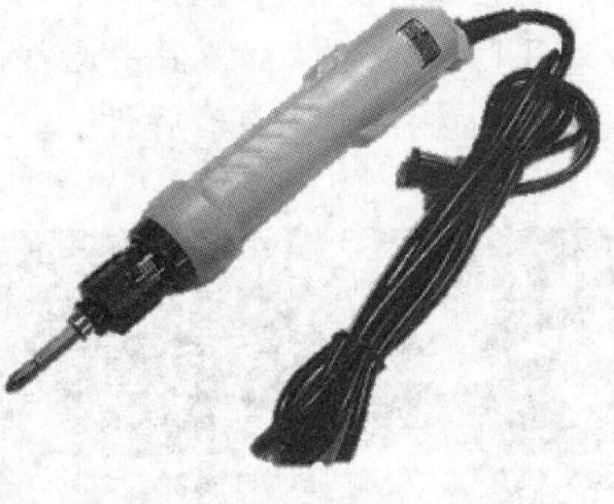

图 3-3　电动螺丝刀

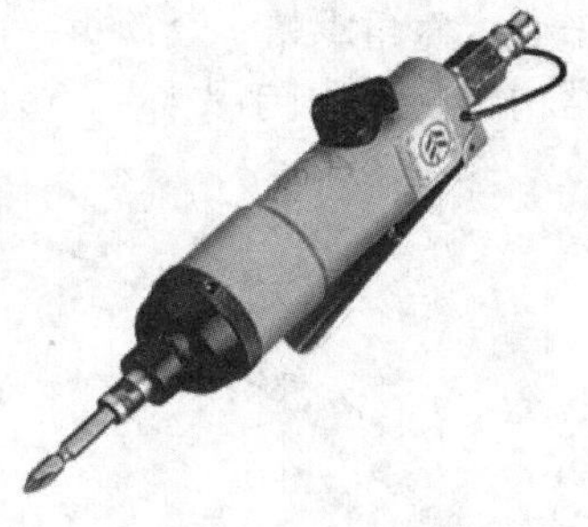

图 3-4　气动螺丝刀

2. 扳　手

(1) 活动扳手

活动扳手简称活扳手,其开口宽度可在一定范围内调节,可以用来紧固和起松不同规格的螺母和螺栓的一种工具,如图 3-5 所示。在使用时应该根据螺钉螺母的形状、规格及工作条件选择相适应的活动扳手操作。

(2) 开口扳手

开口扳手又称为呆扳手,主要分为双头开口扳手和单头开口扳手。其中转动一端方向只能是拧紧螺栓,而另一端只能是拧松螺栓。如果是反方向拧紧螺栓,很容易损坏开口扳手的开口。如图 3-6 所示为双头开口扳手。在使用时,应该使扳手与被拧件配合好后再用力,如果接触不好就用力容易造成滑脱。

图 3-5　活动扳手

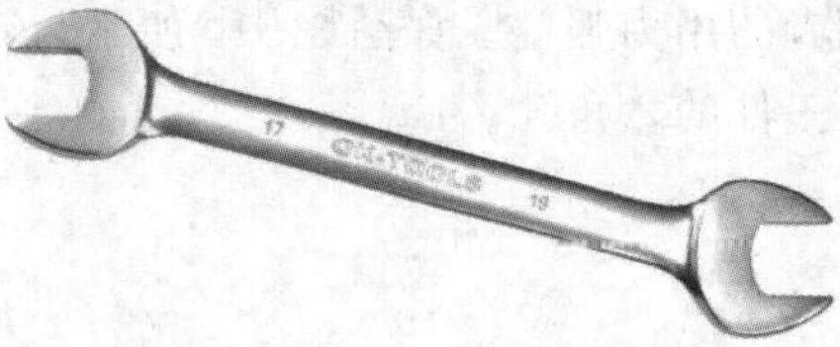

图 3-6　双头开口扳手

(3) 梅花扳手

梅花扳手两端呈花环状,其内孔是由 2 个正六边形相互同心错开 30°而成。很多梅花扳手都有弯头,常见的弯头角度在 10°～45°之间,从侧面看旋转螺栓部分和手柄部分是错开的,如图 3-7 所示。这种结构方便于拆卸装配在凹陷空间的螺栓和螺母,并可以为手指提供操作间隙,以防止擦伤。用在补充拧紧和类似操作中,可以使用梅花扳手对螺栓或螺母施加大扭矩。梅花扳手有各种大小,使用时要选择与螺栓或螺母大小对应的扳手。因为扳手钳口是双六角形的，可以容易地装配螺栓和螺母。

(4) 套筒扳手

套筒扳手一般称为套筒，它是由多个带六角孔或十二角孔的套筒组成，并配有手柄、接杆等多种附件，如图 3－8 所示，当螺母端或螺栓端完全低于被连接面，且凹孔的直径不能用于开口扳手、活动扳手及梅花扳手，就使用套筒扳手，另外就是螺栓件空间限制，也要使用套筒扳手。套筒扳手一般都附有一套各种规格的套筒头以及摆手柄、接杆、万向接头、旋具接头、弯头手柄等用来套入六角螺帽。套筒扳手的套筒头是一个凹六角形的圆筒；扳手通常由碳素结构钢或合金结构钢制成，扳手头部具有规定的硬度，中间及手柄部分则具有弹性。

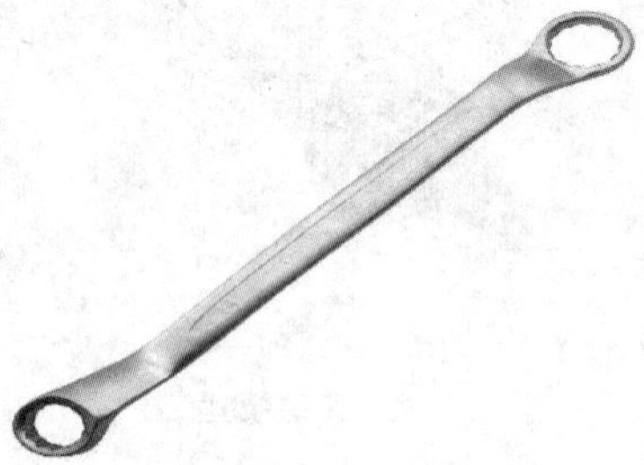

图 3－7　梅花扳手

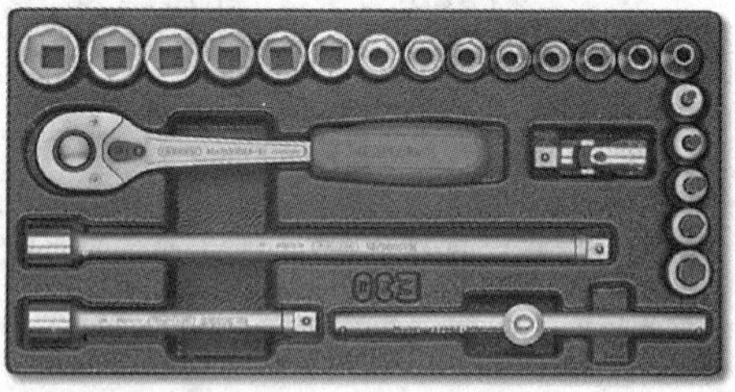

图 3－8　套筒扳手

(5) 扭力扳手

扭力扳手又叫扭矩扳手、力矩扳手、扭矩可调扳手，是一种带有扭矩测量机构的拧紧工具，如图 3－9 所示。在紧固螺栓和螺母等螺纹紧固件时需要控制施加的力矩大小，以保证不因力矩过大破坏螺纹，所以凡是对螺栓、螺母的扭矩有明确规定的装配工作，都要使用扭力扳手。按动力源可分为：电动力矩扳手、液压力矩扳手及手动力矩扳手。其中手动力矩扳手可分为：预置式、表盘式和数显式。扭力扳手最主要特征就是：可以设定扭矩，并且扭矩可调。

在使用扭力扳手时，首先可以设定好需要的扭矩值上限，当施加的扭矩达到设定值时，扳手会发出“咔嗒”的声响或者扳手连接处折弯一定的角度，这就表示已经紧固，不需要加力了。

(6) 内六角扳手

内六角扳手是用于有六角插口的螺丝的工具，它通过扭矩施加对螺丝的作用力，大大降低了使用者的用力强度。如图 3－10 所示，该扳手成 L 形，一端是球头，一端是方头，球头部可以斜插入工件的六角孔。

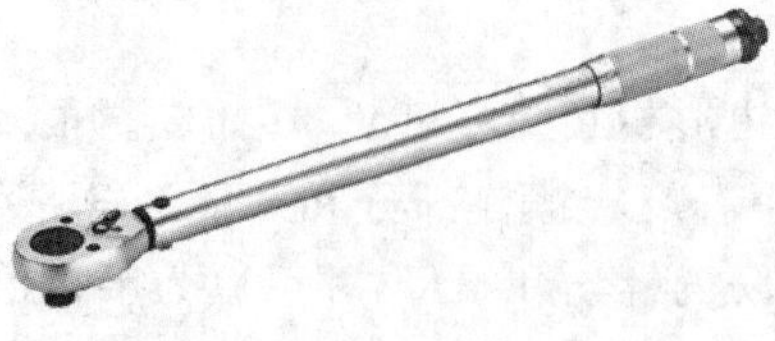

图 3－9　扭力扳手

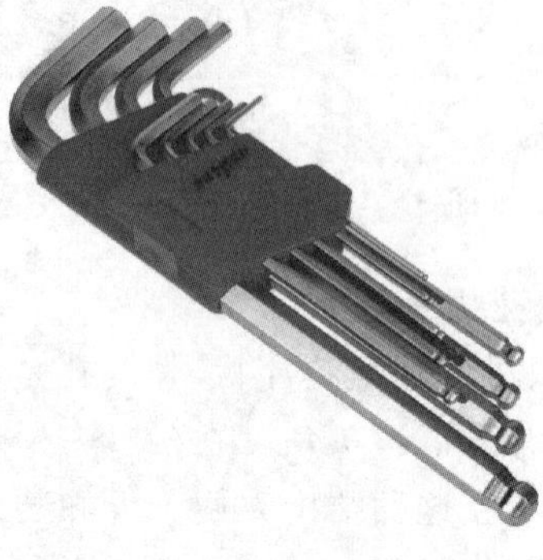

图 3－10　内六角扳手

3. 其他工具

(1) 轴承拆卸器

轴承拆卸器是使轴承与轴分离的拆卸工具，又称为拉拔器，常用的有两爪或者三爪，采用机械式或螺旋式，如图 3－11 所示。它是使轴承与轴相分离的拆卸工具，使用时用抓爪勾住轴承，然后旋转带有丝扣的顶杆，轴承就会被从轴上拉出。

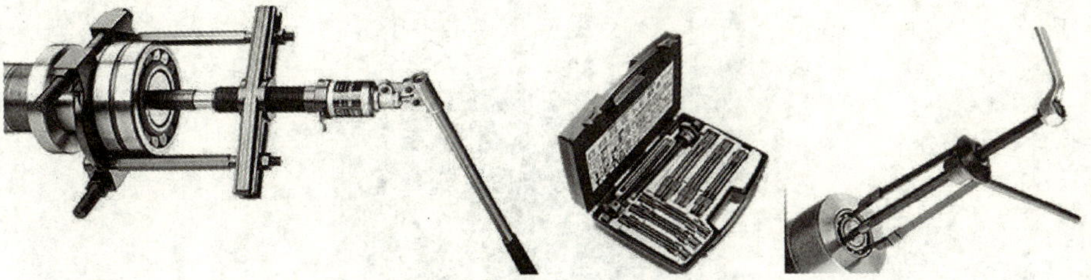

图 3－11　轴承拉拔器

(2) 安装钢丝螺套工具

钢丝螺套是一种新型的内螺纹紧固件，它是用高强度、高精度、表面光洁的冷轧菱形不锈钢丝精确加工而成的一种弹簧状内外螺纹同心体。主要用于增强和保护低强度材质的内螺纹。其原理是在螺钉和基体内螺纹之间形成弹性连接，消除螺纹制造误差，提高连接强度。

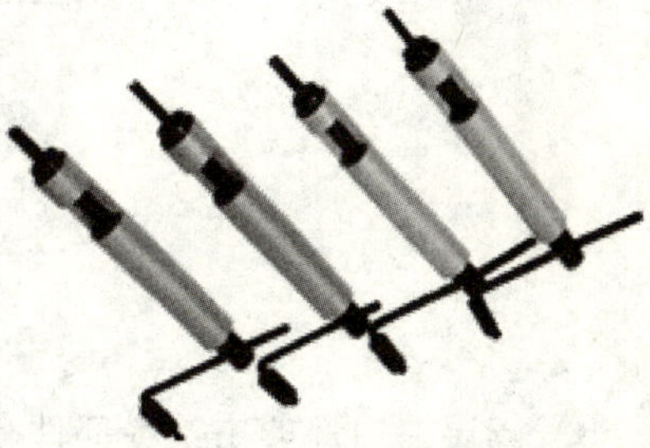

图 3－12　安装扳手

安装钢丝螺套需使用钢丝螺套专用工具，主要包括钢丝螺套专用丝锥、钢丝螺套安装扳手、冲断器、卸套器和钢丝螺套内螺纹底孔塞规。其中，丝锥用于加工钢丝螺套的安装螺纹底孔，安装扳手用于钢丝螺套的安装，冲断器用于安装尾柄的冲断，卸套器用于螺套的拆卸，底孔塞规用于安装底孔的检验。如图 3－12 所示为安装扳手。

(3) 卡簧钳

卡簧钳，是一种用来安装内弹性卡环和外弹性卡环的专用工具，外形上属于尖嘴钳一类，卡簧钳分为外卡簧钳和内卡簧钳两大类，分别用来拆装轴用卡簧和孔用卡簧，如图 3－13 所示。其中外卡簧钳又叫作轴用卡簧钳，内卡簧钳又叫作孔用卡簧钳。卡簧钳两个钳腿一端铰接在一起，另一头可以实现张开或者合拢的功能。钳腿上设有调节机构，带动钳腿张开合拢，完成内外弹性卡簧的安装拆卸工作。钳头有直头和弯头两种类型。

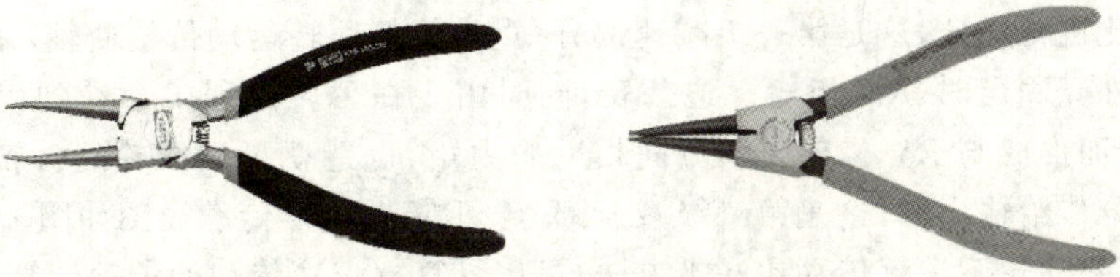

图 3－13　孔用卡簧钳和轴用卡簧钳

4. RV 减速器

(1) RV 减速器介绍

RV 减速器由第一级渐开线圆柱齿轮行星减速机构和第二级摆线针轮行星减速机构两部分组成，具有结构紧凑，传动比大，振动小，噪音低，能耗低，以及在一定条件下具有自锁功能的特点，比单纯的摆线针轮行星传动具有更小的体积和更大的过载能力，且输出轴刚度大，作为机器人用减速器，是刚性最高的低振动减速器，因而得到广泛使用，是最常用的减速机之一，如图 3－14 所示。

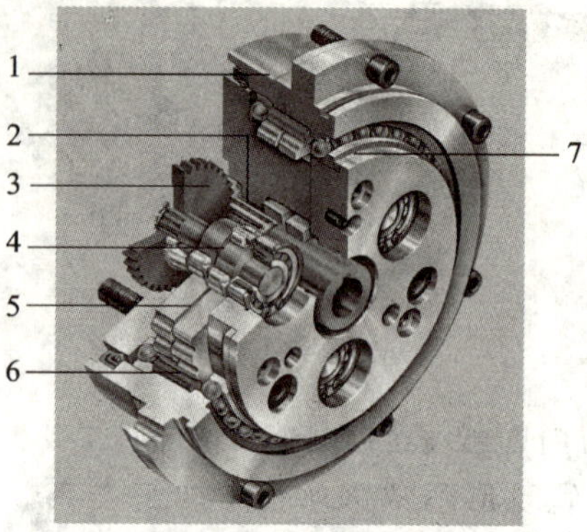

1—机架外；2—输入齿轮；3—直齿轮；4—曲轴；
5—RV齿轮；6—针轮；7—输出法兰

图 3－14　RV 减速器内部的主要零部件

RV 减速器内部的主要零部件有：输出法兰、输入齿轮、直齿轮、曲轴、RV 齿轮和针轮等。零部件介绍如下：

① 输入齿轮轴：齿轮轴用来传递输入功率，且与直齿轮互相啮合；

② 直齿轮：也就是渐开线行星轮，它与曲轴固联，两个行星轮均匀地分布在一个圆周上，起功率分流的作用，即将输入功率分成两路传递给摆线针轮行星机构；

③ 曲轴：曲轴是摆线轮的旋转轴，它的一端与直齿轮相连接，另一端与输出法兰相连接，它可以带动摆线轮产生公转，而且又支撑摆线轮产生自转；

④ 摆线轮(RV 齿轮)：为了实现径向力的平衡在该传动机构中，一般应采用两个完全相同的摆线轮，分别安装在曲柄轴上，且两摆线轮的偏心位置相互成 180°；

⑤ 针轮：针轮与机架固连在一起而成为针轮壳体，在针轮上安装有 30 个针齿；

⑥ 输出法兰：是 RV 型传动机构与外界从动工作机相连接的构件，输出运动或动力。

RV 减速器是由直齿减速部分和采用针销的内齿轮与摆线外齿轮构成的偏心差动式减速部分组合而成的二级减速器。RV 传动过程是当电机产生回转运动，由输入齿轮传递给直齿轮，并按齿数比进行减速，这是第一级减速部分；直齿轮的回转运动传给曲轴，使 RV 齿轮作偏心运动，机架外壳固定时，RV 齿轮一边公转，同时由于在公转过程中会受到固定于外壳上的针齿的作用力而形成与 RV 齿轮公转方向相反的力矩，也造就了摆线轮的自转运动。通过轴承，将自转部分传给输出轴，这是第二级减速部分。RV 减速器传动简图如图 3－15 所示。

按照封闭差动轮系求解传动比基本方法，可以计算出 RV 传动的传动计算公式为：

$$i = 1 + \frac{Z_1}{Z_2} Z_5$$

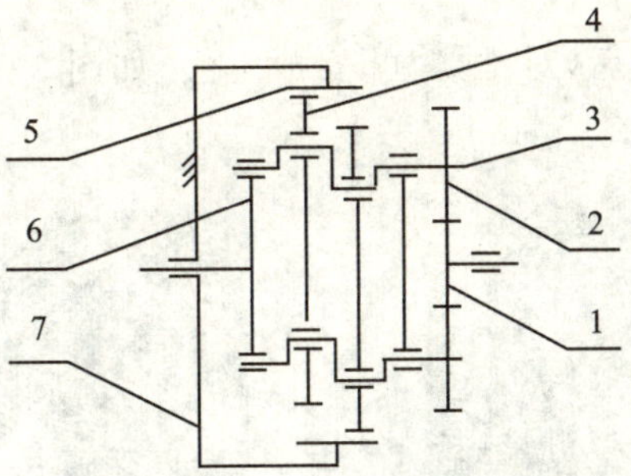

1—输入齿轮；2—直齿轮；3—曲轴；
4—RV齿轮；5—针轮；6—输出轴；7—外壳

图 3-15　RV 减速器传动简图

式中：Z_1——输入齿轮齿数；

Z_2——直齿轮齿数；

Z_5——针轮齿数。

(2) RV 减速器的功能及特点

RV 减速器是二级减速器，二级减速机构可以提高共振输入转数，减小低速时的振动，还能减小减速器的惯性，并且通过改变第一级减速部分的齿数，可以方便地得到范围宽的减速比；除此之外，曲轴采用了中心圆盘支承机构，这种机构扭转刚性大，过载能力强；而且在传递动力的部件上采用了滚动支承机构，除了针轮的针销支承部件之外都是滚动接触，效率高，摩擦小，大大降低了因摩擦引起的间隙增大，性能好，寿命长。所以，RV 减速器很适合应用于工业机器人。

RV 减速器传动作为一种新型传动，从结构上看，其基本特点可以概括如下：

① 如果传动机构置于行星架的支撑主轴承内，那么这种传动的轴向尺寸可大大缩小；

② 采用二级减速机构，处于低速级的摆线针轮行星传动更加平稳，同时由于转臂轴承个数增多且内外环相对转速下降，其寿命也可大大提高；

③ 只要设计合理，就可以获得很高的运动精度和很小的回差；

④ RV 传动的输出机构是采用两端支撑的尽可能大的刚性圆盘输出结构，比一般摆线减速器的输出机构具有更大的刚度，且抗冲击性能也有很大提高；

⑤ 传动比范围大，因为即使摆线齿数不变，只改变渐开线齿数就可以得到很多的速度比，其传动比 $i=31\sim171$；

⑥ 传动效率高，其传动效率 $\eta=0.85\sim0.92$。

【任务实施】

RV 减速器必须在足够清洁的环境下安装，安装过程中不能有任何异物进入减速器内部，以免使用过程中造成减速器的损坏。在安装过程中应注意安全。

以安装新时达机器人第 2 轴的减速器为例，介绍安装操作，步骤如下：

① 将安装部位用干净的布进行清洁，保证内部不存在任何异物，然后涂抹上润滑油；

② 为了使减速器在安装时能够对准安装螺纹孔，用三个双头螺柱拧入轴部的安装孔，如

图 3 - 16 所示；

③ 将减速器涂抹好润滑油后，对准螺柱，安放上去，如图 3 - 17 所示，放置过程中推放减速器要用力均匀。

图 3 - 16　拧入双头螺栓

图 3 - 17　放置减速器

④ 将减速器放入轴内部后，十字交叉拧入 4 个 M8×35 的螺栓，先预紧，然后用工具拧紧，拧紧后将三个定位的双头螺柱拧出，如图 3 - 18 所示。

⑤ 继续拧入其他的螺栓，全部预紧后拧紧，如图 3 - 19 所示。这样就完成了第 2 轴的减速器的安装。

图 3 - 18　固定减速器

图 3 - 19　减速器安装完成

任务二　谐波减速器的安装

【知识学习】

1. 谐波减速器介绍

谐波减速器

谐波齿轮减速器是一种利用柔性构件的弹性变形波进行运动和动力传递变换的新型齿轮减速器，具有结构简单、体积小、传动比大、精度高、可向密封空间传递运动和动力等优点，因而在精密程度要求高的工业机器人系统中经常得到应用。

如图 3-20 所示，是工业机器人中安装的谐波减速器，它主要由刚轮、柔轮和波发生器这三个基本构件组成。刚轮，即带有内齿圈的刚性齿轮，相当于行星系中的中心轮；柔轮，即带有外齿圈的柔性齿轮，相当于行星齿轮；波发生器，相当于行星架。三个构件中可任意固定一个，其余两个一为主动，一为从动，可实现减速或增速（固定传动比），也可变成两个输入，一个输出，组成差动传动。作为减速器使用，通常采用波发生器主动、刚轮固定、柔轮输出形式。

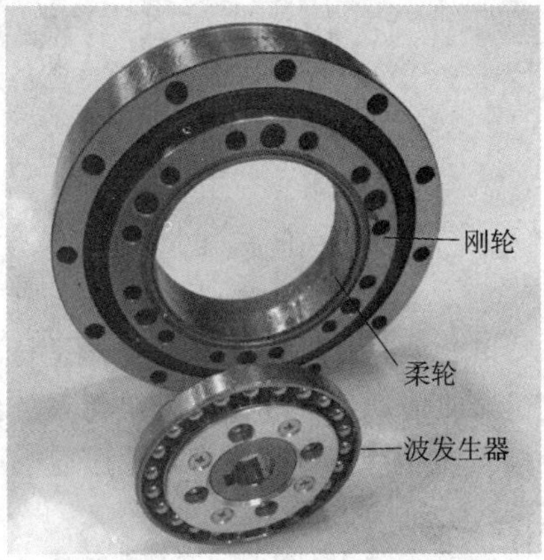

图 3-20　谐波减速器

谐波减速器是利用谐波齿轮传动的原理，与少齿差行星齿轮传动相似，依靠柔性轮产生的可空变形波引起齿间的相对错齿来传递动力和运动的。主要工作原理是：波发生器是一个杆状部件，是使柔轮产生可控弹性变形的构件，其两端装有滚动轴承构成滚轮，与柔轮的内壁相互压紧。而柔轮为可产生较大弹性变形的薄壁齿轮，其内孔直径略小于波发生器的总长。如所图 3-21 示，当波发生器装入柔轮后，迫使柔轮的剖面由原先的圆形变成椭圆形，椭圆长轴两端的柔轮与之配合的刚轮齿则处于完全啮合状态，即柔轮的外齿与刚轮的内齿沿齿高啮合。这是啮合区，一般有 30%左右的齿处在啮合状态；椭圆短轴两端的柔轮齿与刚轮齿处于完全脱开状态，简称脱开；在波发生器长轴和短轴之间的柔轮齿，沿柔轮周长的不同区段内，有的逐渐退出刚轮齿间，处在半脱开状态，称之为啮出。波发生器在柔轮内转动时，迫使柔轮产生连续的弹性变形，此时波发生器的连续转动，就使柔轮齿的啮入—啮合—啮出—脱开这四种状态循环往复不断地改变各自原来的啮合状态。这种现象称之错齿运动，正是这一错齿运动，作为减速器就可将输入的高速转动变为输出的低速转动。

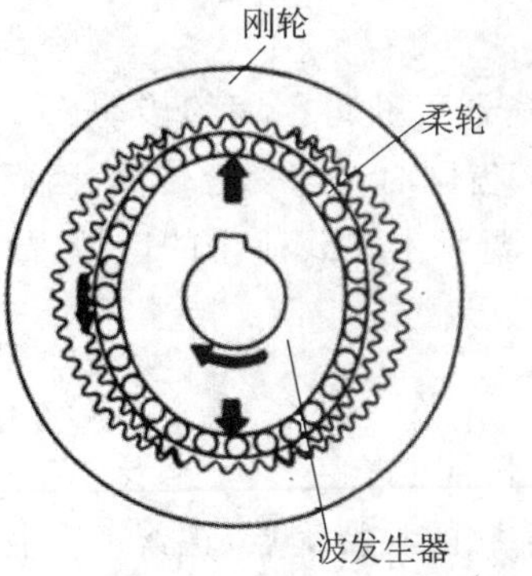

图 3-21　谐波减速器工作原理图

工作时，固定刚轮，由电机带动波发生器转动，柔轮作为从动轮，输出转动，带动负载运动。在传动过程中，波发生器转一周，柔轮上某点变形的循环次数称为波数，以 n 表示。常用的是双波和三波两种。双波传动的柔轮应力较小，结构比较简单，易于获得大的传动比，故为目前应用最广的一种。

对于双波发生器的谐波齿轮传动，如图 3-22 所示，当波发生器顺时针转动 1/8 周时，柔轮齿与刚轮齿就由原来的啮入状态而成啮合状态，而原来脱开状态就成为啮入状态。同样道理，啮出变为脱开，啮合变为啮出，这样柔轮相对刚轮转动（角位移）了 1/4 齿；同理，波发生器再转动 1/8 周时，重复上述过程。由于柔轮比刚轮的齿数少 2 个，所以当波发生器转动一周时，柔轮向相反方向转过两个齿的角度，从而实现了大的减速比。

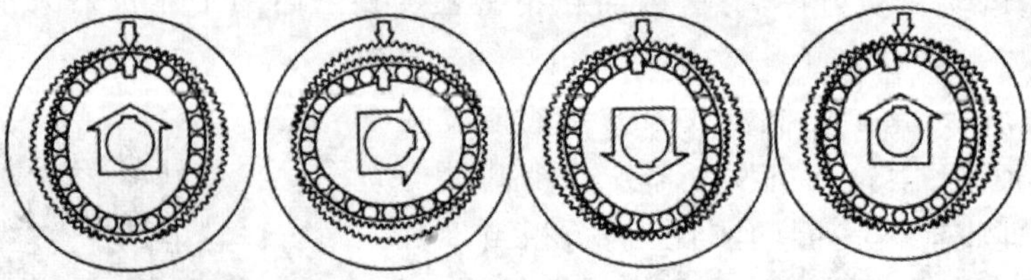

(a) (b) (c) (d)

波发生器转动一周时，柔轮向相反方向转过两个齿的角度

图 3-22 双波谐波减速器

谐波齿轮传动中波形发生器是行星架，柔轮相当于行星轮，刚轮相当于中心轮。所以谐波减速器的传动比可以按照行星轮系的传动比计算方法计算。谐波齿轮传动的柔轮和刚轮的齿距相同，但齿数不等，通常采用刚轮与柔轮齿数差等于波数，即 $Z_g - Z_r = n$，式中，Z_g、Z_r 分别为刚轮与柔轮的齿数。

当刚轮固定、发生器主动、柔轮从动时，谐波齿轮传动的传动比为

$$i = -Z_r/(Z_g - Z_r)$$

上式负号表示柔轮的转向与波发生器的转向相反；

当柔轮固定，波形发生器输入，刚轮输出，谐波齿轮传动的传动比为

$$i = Z_g/(Z_g - Z_r)$$

双波传动中，$Z_g - Z_r = 2$，柔轮齿数很多，由此可看出，谐波减速器可获得很大的传动比。而且由于谐波齿轮减速器采用了部分柔性件(柔轮)，传动时有许多齿同时参与啮合传动，因而传递的载荷较大，承载能力大。又因轮齿的相对位移不大，而且主要发生在载荷小的区域，故齿轮啮合时摩擦磨损较小。

2. 谐波减速器的功能及特点

谐波减速器在国内于 20 世纪六七十年代才开始研制，到目前已有不少厂家专门生产，并形成系列化。广泛应用于电子、航天航空、机器人等行业，由于它的独特优点，在化工行业的应用也逐渐增多。谐波减速器的特点如下：

① 传动速比大：单级谐波齿轮传动速比范围为 70～320，在某些装置中可达到 1 000，多级传动速比可达 30 000 以上，它不仅可用于减速，也可用于增速的场合；

② 承载能力高：这是因为谐波齿轮传动中同时啮合的齿数多，双波传动同时啮合的齿数可达总齿数的 30%以上，而且柔轮采用了高强度材料，齿与齿之间是面接触；

③ 传动精度高：这是因为谐波齿轮传动中同时啮合的齿数多，误差平均化，即多齿啮合对误差有相互补偿作用，故传动精度高；在齿轮精度等级相同的情况下，传动误差只有普通圆柱齿轮传动的 1/4 左右，同时可采用微量改变波发生器的半径来增加柔轮的变形使齿隙很小，甚至能做到无侧隙啮合，故谐波齿轮减速机传动空程小，适用于反向转动；

④ 传动效率高、运动平稳：由于柔轮轮齿在传动过程中作均匀的径向移动，因此，即使输入速度很高，轮齿的相对滑移速度仍是极低(为普通渐开线齿轮传动的 1%)，所以，轮齿磨损小，效率高(可达 69%～96%)，又由于啮入和啮出时，齿轮的两侧都参加工作，因而无冲击现象，运动平稳；

⑤ 结构简单、零件数少、安装方便：仅有 3 个基本构件，且输入与输出轴同轴线，所以结构

简单，安装方便。

⑥ 体积小、重量轻：与一般减速机比较，输出力矩相同时，谐波齿轮减速机的体积可减小2/3，重量可减轻1/2。

⑦ 可向密闭空间传递运动：利用柔轮的柔性特点，轮传动的这一可贵优点是现有其他传动无法比拟的。

谐波齿轮减速机在航空、航天、能源、航海、造船、仿生机械、常用军械、机床、仪表、电子设备、矿山冶金、交通运输、起重机械、石油化工机械、纺织机械、农业机械以及医疗器械等方面得到日益广泛的应用，特别是在高动态性能的伺服系统中，采用谐波齿轮传动更显示出其优越性。美国送到月球上的机器人，其各个关节部位都采用谐波传动装置，其中一个上臂就用了30个谐波传动机构。它传递的功率从几十瓦到几十千瓦，但大功率的谐波齿轮传动多用于短期工作场合。

【任务实施】

谐波减速器必须在足够清洁的环境下安装，安装过程中不能有任何异物进入减速器内部，以免使用过程中造成减速器的损坏。请确认减速器齿面及柔性轴承部分始终保持充分润滑。

1. LCD/LCS系列（刚轮固定，柔轮输出，减速比为标示减速比）

① 在柔性轴承上均匀涂抹上润滑脂，A处腔体内注满润滑脂，将波发生器装在输入端电机轴或者连接轴上，用螺钉加平垫连接固定。

② 在柔轮内壁空间B处注入润滑脂，注入量大约为柔轮腔体的60%，将减速器按图3-23所示方向装入，装入时波发生器长轴对准减速器柔轮的长轴方向，到位后用对应的螺钉将减速器固定，螺钉的预紧力0.5N·m。

③ 将电机转速设定在100 r/min左右，启动电机，螺钉以十字交叉的方式锁紧，以四至五次均等递增至螺钉对应的锁紧力。

④ 与减速器连接固定的安装平面加工要求：平面度0.01 mm，与轴线垂直度0.01 mm，螺

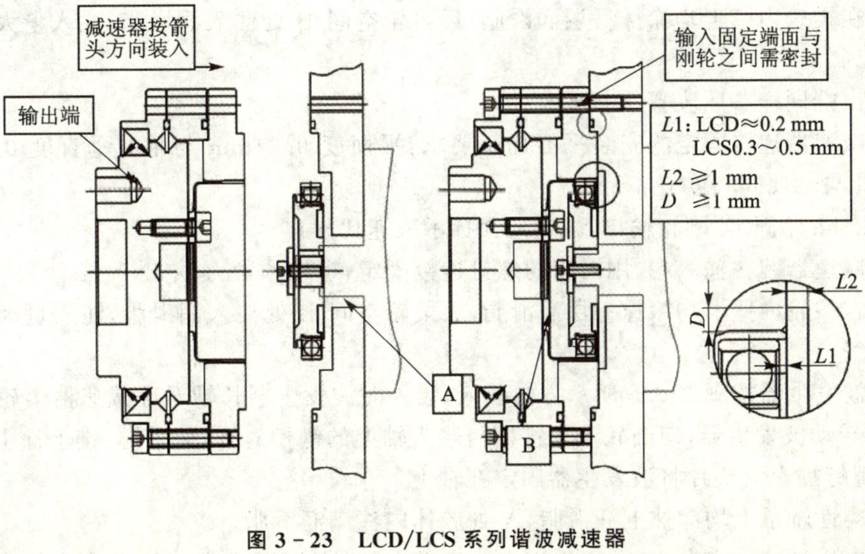

图3-23　LCD/LCS系列谐波减速器

纹孔或通孔与轴线同心度 0.1mm。

2. LHD /LHS 系列

方式一：刚轮固定，柔轮输出，减速比为标示减速比。

① 在柔性轴承上均涂抹上润滑脂，A 处腔体内注满润滑脂（请使用指定的润滑油脂，勿随意更换油脂以免造成减速器的损坏），将波发生器装在输入端电机轴或连接轴上，用螺钉加平垫连接固定。

② 将减速器按图 3－24 所示方向装入，装入时波发生器长轴对准减速器柔轮的长轴方向，到位后用对应的螺钉将减速器固定，螺钉的预紧力 0.5N・m。

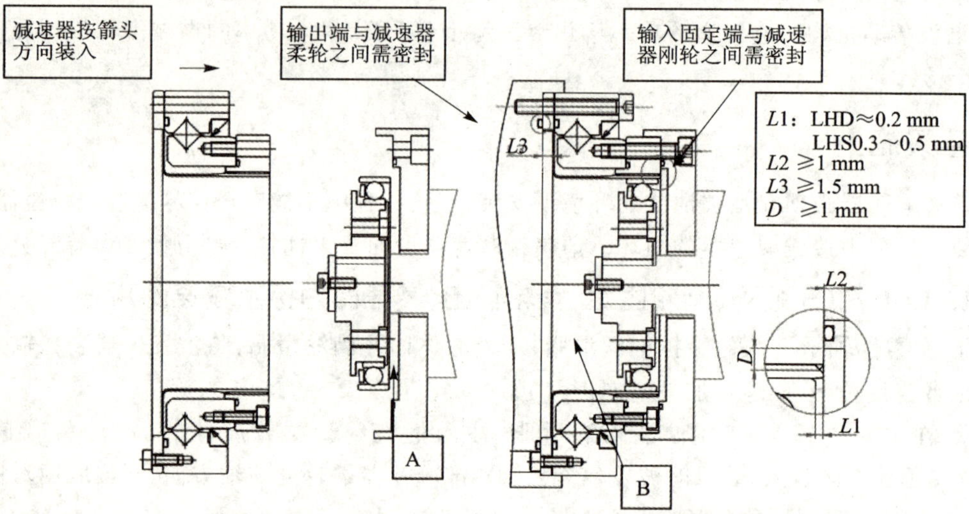

图 3－24 LHD/LHS 系列谐波减速器

③ 将电机转速设定在 100 转/min 左右，启动电机，螺钉以十字交叉的方式锁紧，以 4～5 次均等递增至螺钉对应的锁紧力。

④ 先在柔轮内壁上均涂抹一层润滑脂，后柔轮空间 B 处注入润滑脂，注入量大约为柔轮腔体的 80％。

⑤ 输出端同样参照步骤 3 固定。

⑥ 与减速器连接固定的安装平面加工要求：平面度 0.01mm 与轴线垂直度 0.01mm 螺纹孔或通孔与轴线同心度 0.1mm。

方式二：柔轮固定，刚轮输出，减速比为标示减速比＋1。

① 将减速器装在输入端，用对应的螺钉连接固定，螺钉预紧力 0.5N・m。

② 先在柔轮内壁上均涂抹一层润滑脂，后柔轮空间 B 处注入润滑脂，注入量大约为柔轮腔体的 80％。

③ 将波发生器按图 3－25 所示方向装入，装入时波发生器长轴对准减速器柔轮的长轴方向，到位后转动波发生器，使凸轮上的键槽与输入轴上的键槽对齐，装入键（键上涂上乐泰 638 胶水），用螺钉加上大垫片将波发生器固定在轴上。

④ 在柔性轴承上均涂抹上润滑脂，A 处腔体内注满润滑脂。

⑤ 将电机转速设定在 100 r/min 左右，启动电机，螺钉以十字交叉的方式锁紧，以 4～5

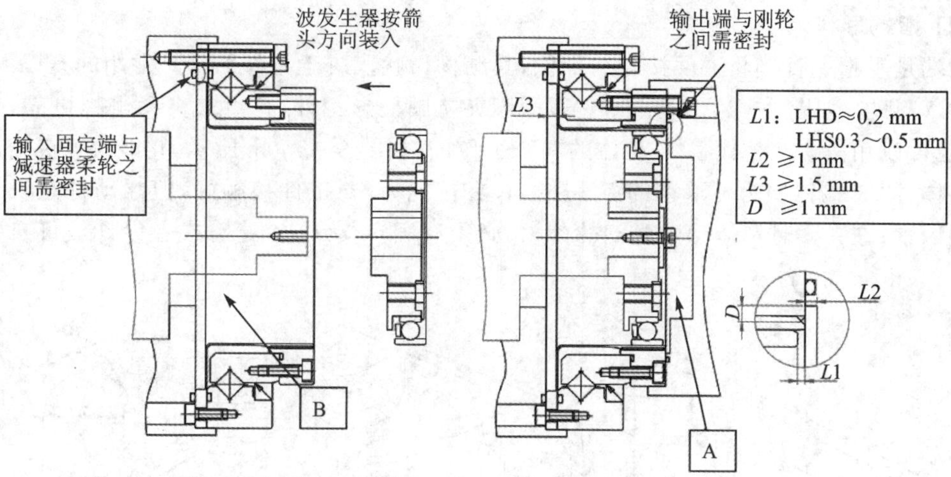

图 3-25　LHD/LHS 系列谐波减速器

次均等递增至螺钉对应的锁紧力。

⑥ 输出端同样参照步骤 5 固定。

⑦ 与减速器连接固定的安装平面加工要求：平面度 0.01mm 与轴线垂直度 0.01mm 螺纹孔或通孔与轴线同心度 0.1mm。

任务三　末端执行器的安装

工业机器人末端执行器

【知识学习】

末端执行器是机器人直接用于抓取和握紧（或吸附）工件或夹持专用工具（如喷枪、扳手、焊接工具）进行操作的部件，它具有模仿人手动作的功能，并安装于机器人手臂的前端。末端执行器大致可分为以下几类：

① 夹钳式取料手；

② 吸附式取料手；

③ 专用操作器及转换器；

④ 仿生多指灵巧手。

1. 夹钳式取料手

夹钳式取料手由手指（手爪）和驱动机构、传动机构及连接与支承元件组成，如图 3-26 所示。通过手指的开、合动作实现对物体的夹持。

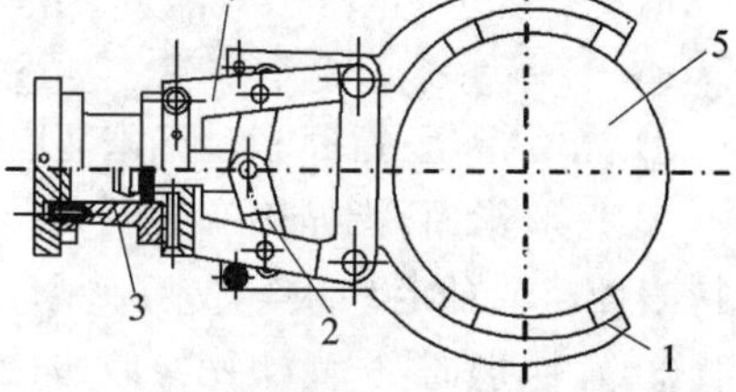

1—手指；2—传动机构；3—驱动装置；4—支架；5—工件

图 3-26　夹钳式手部的组成

(1) 手　指

它是直接与工件接触的部件。手部松开和夹紧工件，就是通过手指的张开与闭合来实现的。机器人的手部一般有两个手指，也有三个或多个手指，其结构形式常取决于被夹持工件的形状和特性。

(2) 指端形状

指端是手指上直接与工件接触的部位，其结构形状取决于工件形状。常用的有以下类型：

① V型指：如图3－27(a)所示，它适用于夹持圆柱形工件，特点是夹紧平稳可靠，夹持误差小；也可以用两个滚柱代替V型体的两个工作面，如图3－27(b)所示，它能快速夹持旋转中的圆柱体；图3－27(c)为可浮动的V型指，有自位能力，与工件接触好，但浮动件是机构中的不稳定因素；在夹紧时和运动中受到的外力，必须有固定支承来承受，或者设计成可自锁的浮动件；

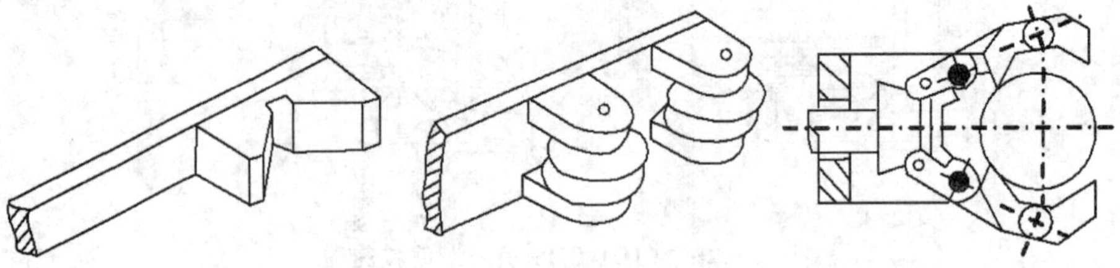

(a) 固定V型　(b) 滚柱V型　(c) 自定位式V型

图3－27　V型指端形状

② 平面指：如图3－28(a)所示，一般用于夹持方型工件(具有二个平行平面)，板形或细小棒料；

③ 尖指和薄、长指：如图3－28(b)所示，一般用于夹持小型或柔性工件；薄指用于夹持位于狭窄工作场地的细小工件，以避免和周围障碍物相碰；长指用于夹持炽热的工件，以免热辐射对手部传动机构的影响；

④ 特形指：如图3－28(c)所示，对于形状不规则的工件，必须设计出与工件形状相适应的专用特形手指，才能夹持工件。

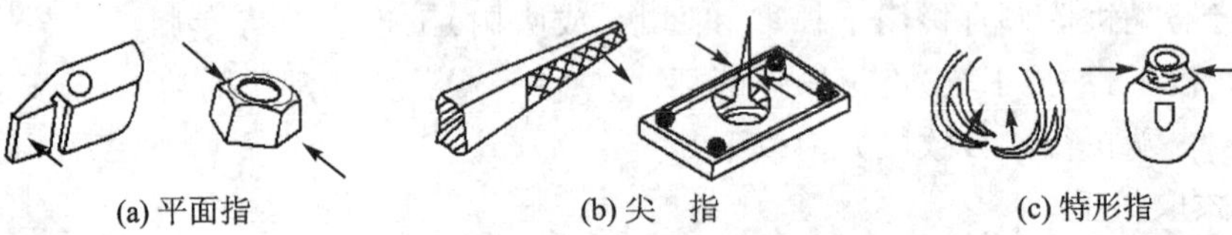

(a) 平面指　(b) 尖　指　(c) 特形指

图3－28　夹钳式手的指端

(3) 指面形式

根据工件形状、大小及其被夹持部位材质、软硬、表面性质等不同，手指指面有以下几种形式：

① 光滑指面：指面平整光滑，用来夹持工件的已加工表面，避免已加工表面受损伤；

② 齿形指面：指面刻有齿纹，可增加与被夹持工件间的摩擦力，以确保夹紧牢靠，多用来夹持表面粗糙的毛坯或半成品；

③ 柔性指面：指面镶衬橡胶、泡沫、石棉等物，有增加摩擦力，保护工件表面，隔热等作用。一般用于夹持已加工表面、炽热件，也适于夹持薄壁件和脆性工件。

(4) 传动机构

它是向手指传递运动和动力，以实现夹紧和松开动作的机构，该机构根据手指开合的动作特点分为回转型和移动型。回转型又分为一支点回转和多支点回转。根据手爪夹紧是摆动还是平动，又可分为摆动回转型和平动回转型。

(5) 驱动装置

它是向传动机构提供动力的装置。按驱动方式不同，可有液压、气动、电动和机械驱动之分，还有利用弹性元件的弹性力抓取物件不需要驱动元件的。

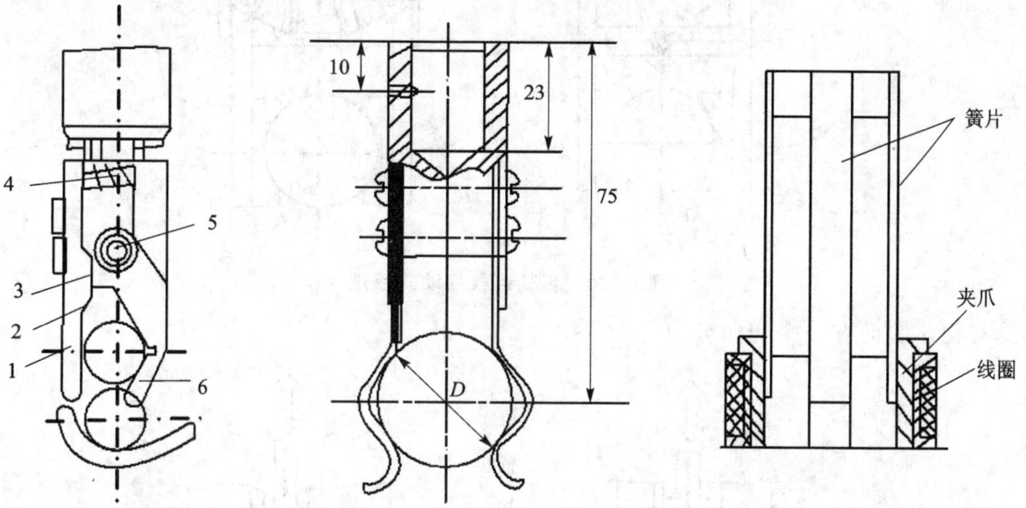

(a) 单活动爪弹性手抓　(b) 双板弹簧弹性手抓　(c) 内卡式弹性手抓

图 3－29　几种弹性力手爪

(6) 几种典型手爪

1) 弹性力手爪

弹性力手爪的特点是其夹持物体的抓力是由弹性元件提供的，不需要专门的驱动装置，在抓取物体时需要一定的压人力，而在卸料时，则需要一定的拉力。

图 3－29 所示为几种弹性力手爪的结构原理图。图 3－29(a)所示手爪有一个固定爪，另一个活动爪 6 靠压簧 4 提供抓力，活动爪绕轴 5 回转，空手时其回转角度由平面 2、3 限制，抓物时爪 6 在推力作用下张开，靠爪上的凹槽和弹性力抓取物体，卸料时需固定物体的侧面，手爪用力拔出即可。图 3－29(b)所示是用 2 块板弹簧做成的手爪。图 3－29(c)所示的是用 4 根板弹簧做成的内卡式手爪，用于电表线圈的抓取。

2) 摆动式手爪

摆动式手爪的特点是在手爪的开合过程中，其爪的运动状态是绕固定轴摆动的，结构简单，使用较广，适合于圆柱表面物体的抓取。图 3－30 所示为齿轮齿条摆动式手爪，推拉杆端部两侧有齿条，与固定于手爪上的齿轮啮合，齿条的上下移动带动 2 个手爪绕着各自的转轴摆动。

3) 平动式手爪

平动式手爪的特点是手爪在开合过程中，其爪的运动状态是平动的，可以有圆弧式平动和直线式平动之分。平动式手爪适用于被支持面是两个平行平面的物体。图 3－31 所示为连杆圆弧平动式手爪的结构原理图。它是采用平行四边形平动机构，使爪在开合过程中保持其方向不变。作平行开合运动，而爪上任一点的运动轨迹为一圆弧摆动。这种手爪在夹持物体的

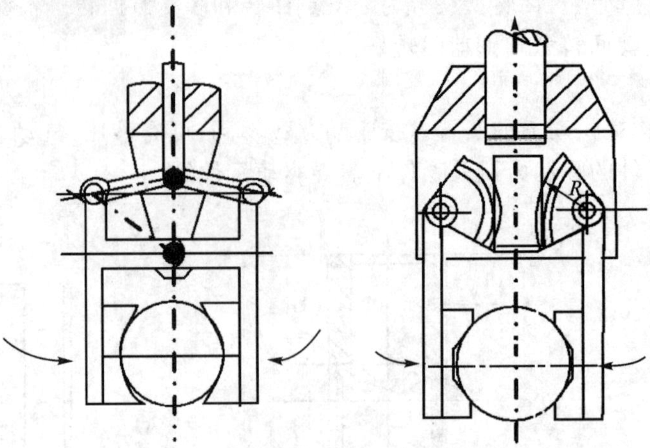

图 3-30　齿轮齿条摆动式手爪

瞬时,对物体表面有一个切向分力。

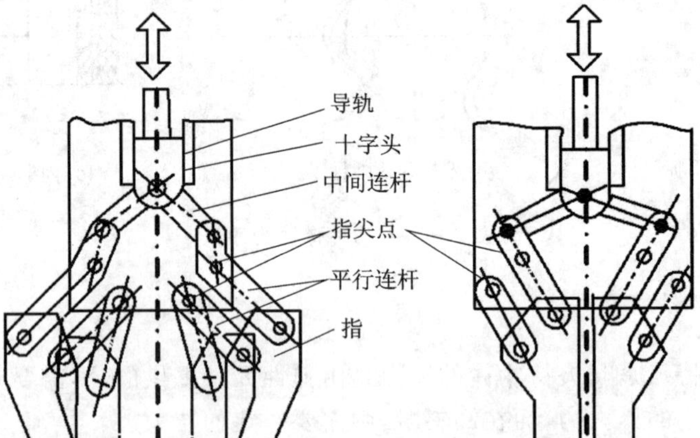

(a) 张开状态　　(b) 夹持状态

图 3-31　连杆圆弧平动式手爪

2. 吸附式取料手

吸附式取料手靠吸附力取料,根据吸附力的不同分为气吸附和磁吸附两种。吸附式取料手适应于大平面(单面接触无法抓取)、易碎(玻璃、磁盘)、微小(不易抓取)的物体,因此使用面较广。

(1) 气吸附式取料手

气吸附式取料手是利用吸盘内的压力和大气压之间的压力差而工作的。按形成压力差的方法,可分为真空气吸、气流负压气吸、挤压排气负压气吸式几种。

气吸式取料手与夹钳式取料手指相比,具有结构简单、重量轻、吸附力分布均匀等优点。

对于薄片状物体的搬运更具有其优越性(如板材、纸张、玻璃等物体),广泛应用于非金属材料或不可有剩磁的材料的吸附。但要求物体表面较平整光滑,无孔无凹槽。下面介绍几种气吸式取料手的结构原理。

图 3-32 所示为真空气吸附取料手结构原理。其真空产生是利用真空泵,真空度较高。主要零件为碟形橡胶吸盘 1,通过固定环 2 安装在支撑杆 4 上,支承杆由螺母 5 固定在基板 6 上。取料时,碟形橡胶吸盘与物体表面接触,橡胶吸盘在边缘既起到密封作用,又起到缓冲作用,然后真空抽气,吸盘内腔形成真空,实施吸附取料。放料时,管路接通大气,失去真空,物体放下。

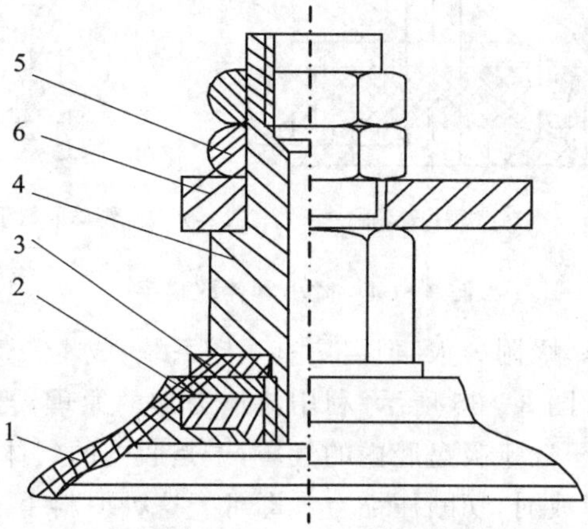

1—橡胶吸盘; 2—固定环; 3—垫片; 4—支承杆; 5—螺母; 6—基板

图 3-32　真空气吸附取料手

为避免在取放料时产生撞击,有的还在支承杆上配有弹簧缓冲。为了更好地适应物体吸附面的倾斜状况,有的在橡胶吸盘背面设计有球铰,如图 3-33 所示。真空取料有时还用于微小无法抓取的零件,如图 3-34 所示。

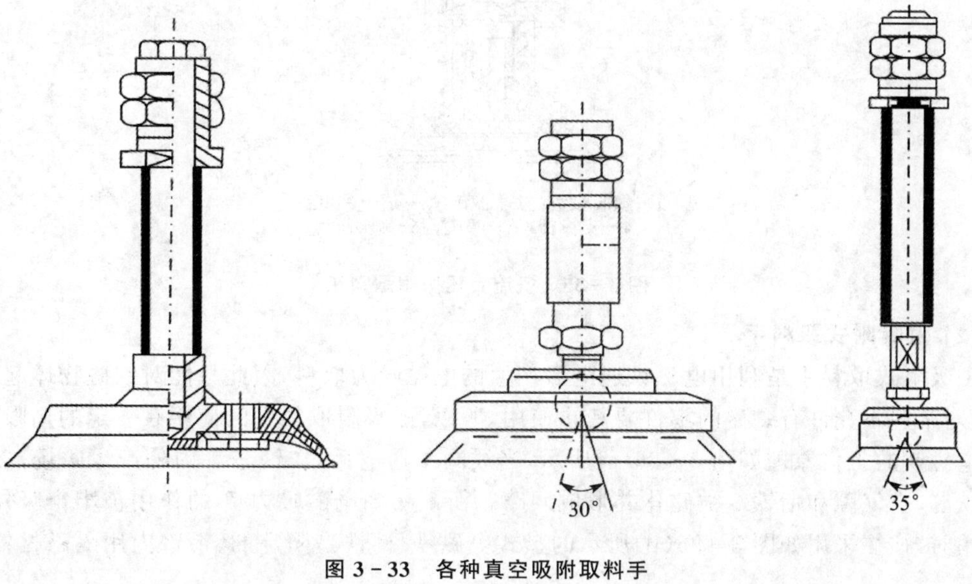

图 3-33　各种真空吸附取料手

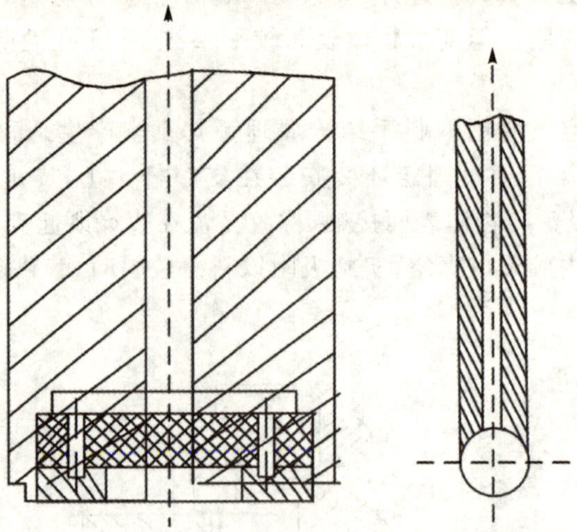

图 3-34 微小零件取料手

真空吸附取料工作可靠，吸附力大，但需要有真空系统，成本较高。

气流负压吸附取料手如图 3-35 所示，利用流体力学的原理，当需要取物时，压缩空气高速流经喷嘴，其出口处的气压低于吸盘腔内的气压，于是腔内的气体被高速气流带走而形成负压，完成取物动作，当需要释放时，切断压缩空气即可。这种取料手需要的压缩空气，工厂里较易取得，故成本较低。

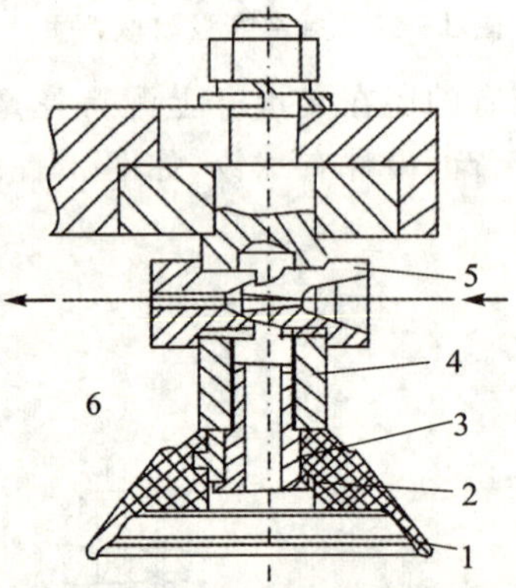

1—橡胶吸盘；2—心套；3—通气螺钉；
4—支撑杆；5—喷嘴；6—喷嘴套

图 3-35 气流负压吸附取料手

(2) 磁吸附式取料手

磁吸附式取料手是利用电磁铁通电后产生的电磁吸力取料，因此只能对铁磁物体起作用，另外，对某些不允许有剩磁的零件要禁止使用，所以，磁吸附取料手的使用有一定的局限性。

电磁铁的工作原理如图 3-36(a)所示，当线圈 1 通电后，在铁芯 2 内外产生磁场，磁力线经过铁芯，空气隙和衔铁 3 被磁化并形成回路。衔铁受到电磁吸力 F 的作用被牢牢吸住。实际使用时，往往采用如图 3-36(b)所示的盘式电磁铁，衔铁是固定的，衔铁内用隔磁材料将磁力线切断，当衔铁接触磁铁物体零件时，零件被磁化形成磁力线回路并受到电磁吸力而被吸住。

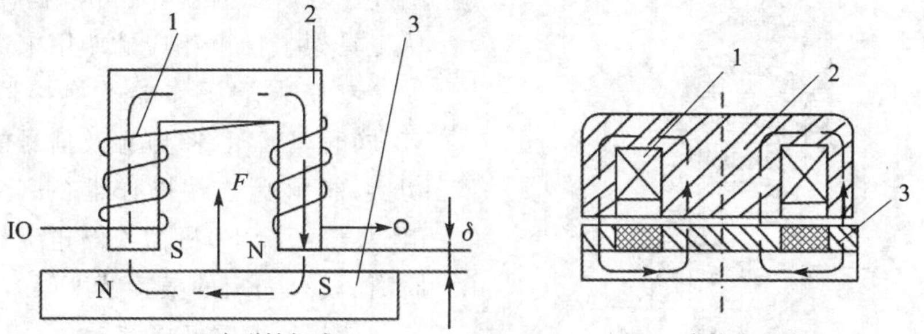

1—线圈；2—铁芯；3—衔铁

图 3-36　电磁铁工作原理

3. 专用末端操作器及换接器

(1) 专用末端操作器

机器人是一种通用性很强的自动化设备，可根据作业要求完成各种动作，再配上各种专用的末端操作器后，就能完成各种操作。如在通用机器人上安装焊枪就成为一台焊接机器人，安装拧螺母机则成为一台装配机器人。目前有许多由专用电动、气动工具改型而成的操作器，如图 3-37 所示，有拧螺母机、焊枪、电磨头、电铣头、抛光头、激光切割机等，形成一整套系列供用户选用，使机器人胜任各种工作。

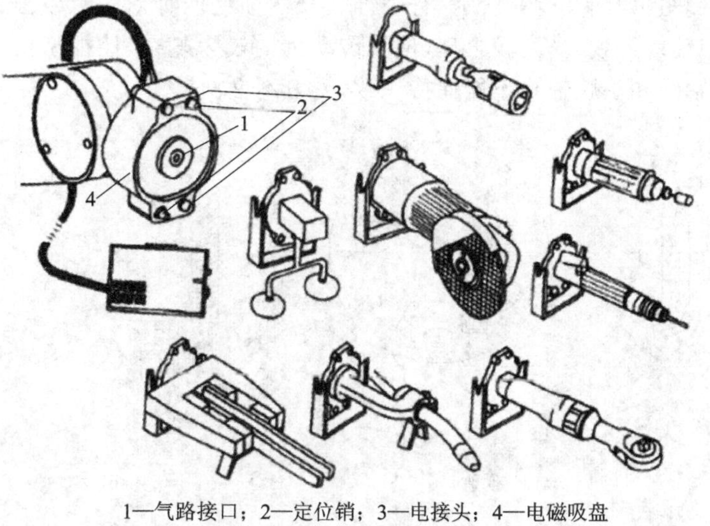

1—气路接口；2—定位销；3—电接头；4—电磁吸盘

图 3-37　各种专用末端操作器和电磁吸盘式换接器

(2) 换接器或自动手爪更换装置

使用一台通用机器人，要在作业时能自动更换不同的末端操作器，这就需要配置具有快速装卸功能的换接器。换接器由两部分组成：换接器插座和换接器插头，分别装在机器腕部和末端操作器上，能够实现机器人对末端操作器的快速自动更换。

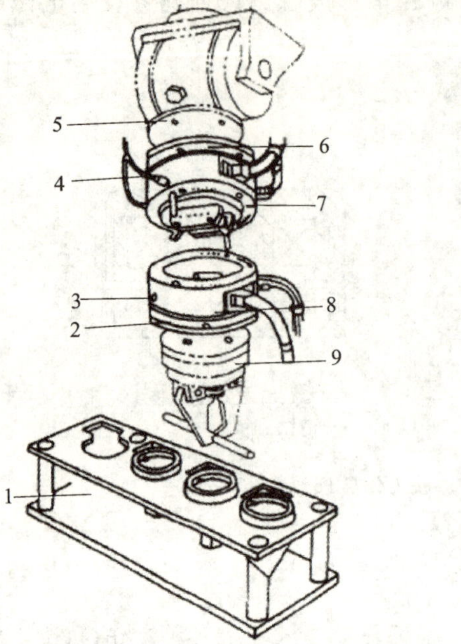

1—末端操作器库；2—操作器过渡法兰；3—位置指示灯；
4—换接器气路；5—联接法兰；6—过渡法兰；
7—换接器；8—换接器配合端；9—末端操作器

图 3－38　气动换接器与操作器库

具体实施时，各种末端操作器存放在工具架上，组成一个专用末端操作器库，如图 3－38 所示。机器人可根据作业要求自行从工具架上接上相应的专用末端操作器。

专用末端操作器及换接器的要求主要有：同时具备气源、电源及信号的快速联接与切换；能承受末端操作器的工作载荷；在失电、失气情况下，机器人停止工作时不会自行脱离；具有一定的换接精度等。

(3) 多工位换接装置

某些机器人的作业任务相对较为集中，需要换接一定量的末端操作器，又不必配备数量较多的末端操作器库。此时可以在机器人手腕上设置一个多工位换接装置，例如在机器人柔性装配线的某个工位上，机器人要依次装配垫圈、螺钉等几种零件，采用多工位换接装置，可以从几个供料位处依次抓取几种零件，然后逐个进行装配，既可以节省几台专用机器人，也可以避免通用机器人频繁换接操作器和节省装配作业时间。

多工位换接装置如图 3－39 所示，有棱锥型和棱柱型两种形式。棱锥型换接装置可保证手爪轴线和手腕轴线一致，受力较合理，但其传动机构较为复杂，棱柱型换接器传动机构较为简单，但其手爪轴线和手腕轴线不能保持一致，受力不良。

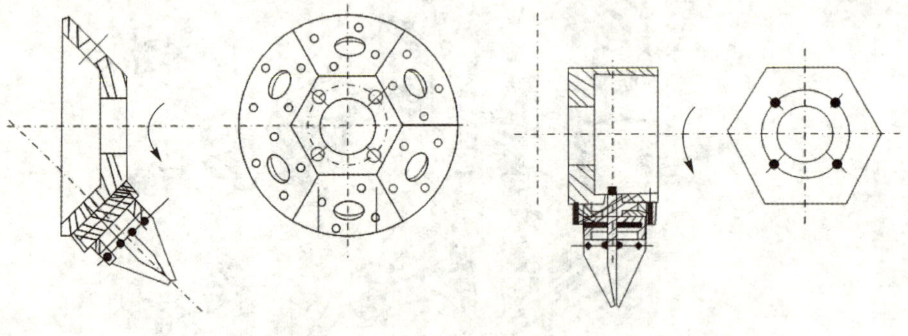

(a) 棱锥型　　　　(b) 棱柱型

图 3－39　多工位末端操作器换接装置

【任务实施】

机器人的本体安装在工作台上后，接下来需要在机器人的法兰盘上安装末端执行器。在安装前要先确认机器人是否具有足够的负载能力，不能让机器人做超过其负载能力的工作，否则容易造成机器人损坏及发生危险。

这里以多功能工作站为例，在 IRB120 机器人末端法兰盘上安装抓爪，法兰盘尺寸如图 3 - 40 所示。

末端执行器抓爪如图 3 - 41 所示。在安装时，还需要根据法兰盘尺寸设计出法兰盘转接板，如图 3 - 42 所示，通过转接板将法兰盘与抓爪连接到一起。

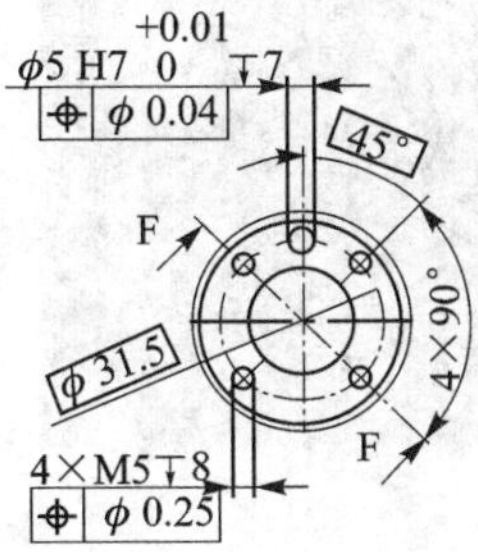

图 3 - 40　IRB120 机器人法兰盘尺寸

图 3 - 41　末端执行器抓爪

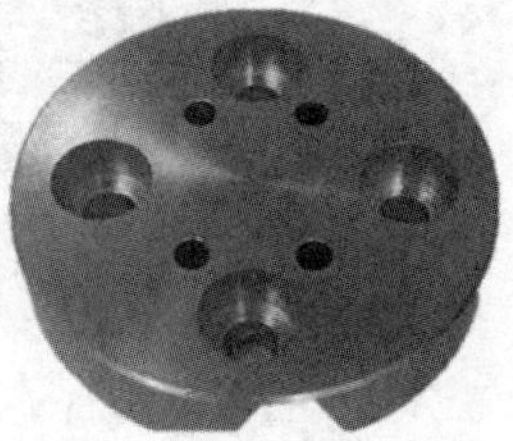

图 3 - 42　法兰盘转接板

安装末端执行器的具体操作如下：

① 首先将抓爪上的螺纹孔与法兰转接板上的安装孔对齐，然后用沉头螺钉拧上预紧，如图 3 - 43 所示；

② 预紧后再用六角扳手拧紧 2 个螺钉，如图 3 - 44 所示；

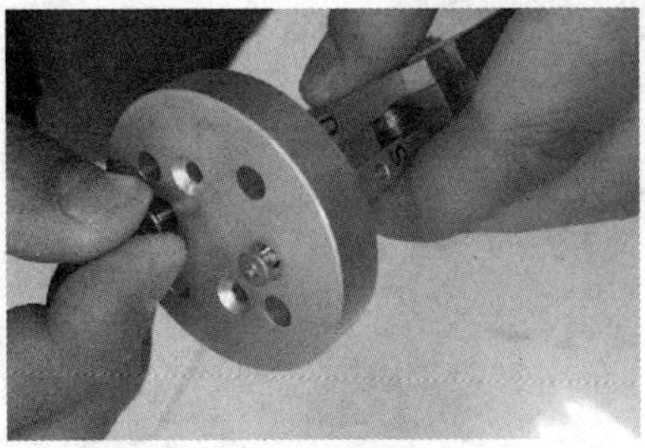

图 3 - 43　预紧连接螺钉

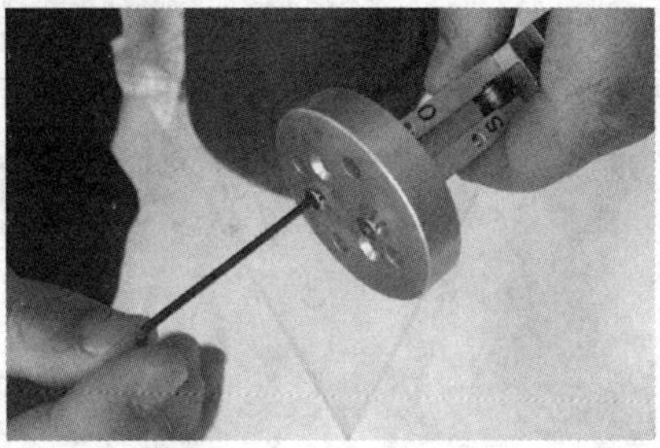

图 3 - 44　拧紧螺钉

③ 然后用示教器转动机器人的第 5 轴，将法兰盘抬起，如图 3 - 45 所示，这样方便安装；

图 3 - 45　安装末端执行器合适位置

④ 将转接板的四个安装孔对准法兰盘上的四个螺纹孔，按照对角方向先拧上 2 个螺栓预

紧,然后再拧上另外 2 个并预紧,如图 3－46 所示;

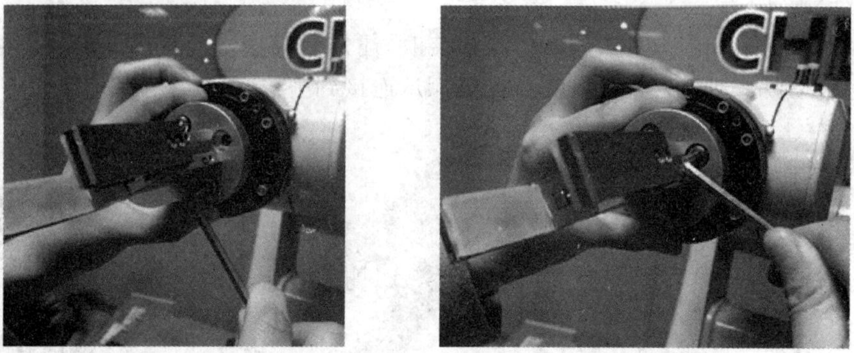

图 3－46　拧上螺栓并预紧

⑤ 用六角扳手将 4 个螺母全部拧紧,这样抓爪就安装完成了,如图 3－47 所示。

图 3－47　末端执行器安装完成

项目四　工业机器人电气装配与调试

任务一　电气控制柜的安装

电气控制柜
的安装

【任务描述】

根据电气系统接线图和流程介绍，完成新时达机器人控制柜 SRC2 的安装。

【知识学习】

电气控制柜的安装包括内部元件的安装接线、控制柜线路的连接、电源的连接等。安装时要使设备既满足设计控制要求又整齐美观和方便检查。

电气控制柜的安装需要使用到电气原理图、电气布置图和电气接线图。电气原理图是为了方便看图和理解控制线路，根据结构简单、层次分明清晰的原则，采用电气元件展开的形式来绘制的；电气布置图主要是用来表明电气设备上元件的实际位置，为生产、安装、维修提供必要的资料；电气接线图是为安装电气元件进行接线或检修电气故障服务的。

在装配过程中，使用的相关工具包括：十字螺丝刀、一字螺丝刀、剥线钳、斜口钳、万用表、内六角扳手、呆扳手、钻头、丝锥、粗齿锉、手电钻等。

安装控制柜需要根据各种接线图进行布置接线。下面给出新时达控制柜 SRC2 接线图纸，图 4－1 所示为控制回路接线图，图 4－2 所示为总线系统接线图，图 4－3 所示为主回路端子接线图，图 4－4 所示为主电源接线图，图 4－5 所示为第一轴驱动器接线图，图 4－6 所示为第二轴驱动器接线图，图 4－7 所示为第三轴驱动器接线图，图 4－8 所示为第四轴驱动器接线图，图 4－9 所示为第五轴驱动器接线图，图 4－10 所示为第六轴驱动器接线图，图 4－11 所示为外部 I/O 通信模块示意图。

【任务实施】

电气控制柜内部具体安装的流程如下：

1. 电气控制柜外形尺寸、面板开孔、柜体/面板检查

在电气控制柜开始装配前对控制柜进行外形尺寸、面板开孔、柜体/面板标识的检查，确认无误后方可进行装配工作。

2. 准备齐电气控制柜装配所需的所有电气元件及安装辅助器材

① 电气装配人员要先备齐电气控制柜上需使用的电气安装底板、电气元件及所需要的安装辅材（行线槽、导轨、导线、接地铜排、安装螺栓等）。

② 电气装配人员准备好自己的工具包（含大号、中号十字起，小一字起、剥线钳、斜口钳、万用表、内六角扳手、呆扳手、手电钻等）将所有工具整齐地放在指定区域内。

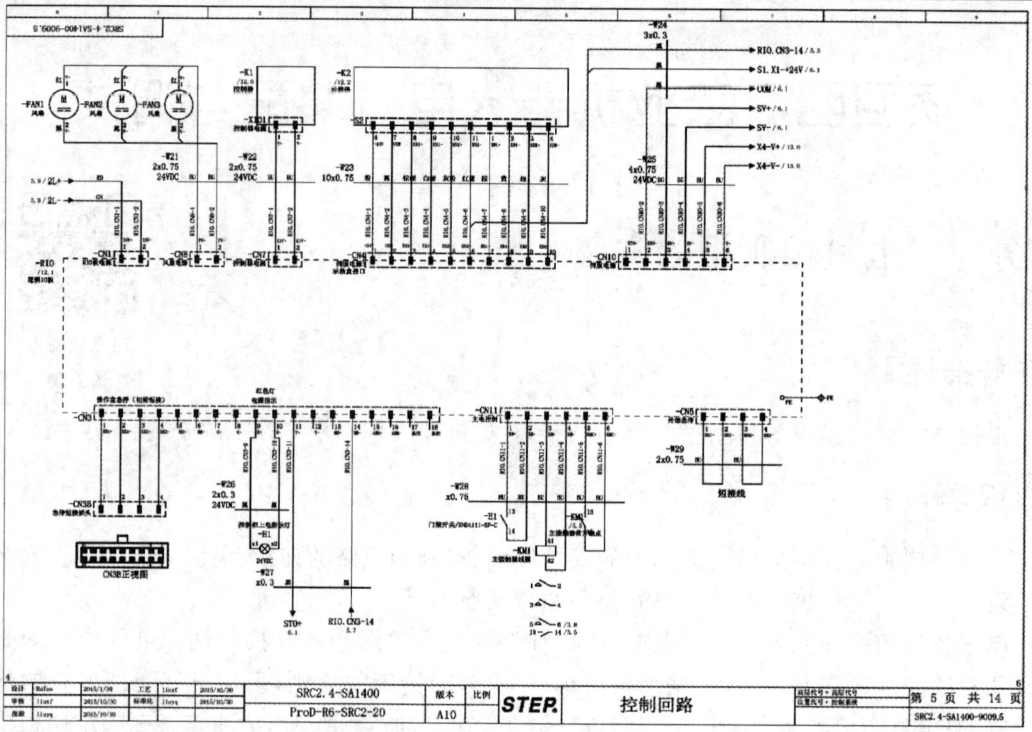

图 4-1　控制回路接线图

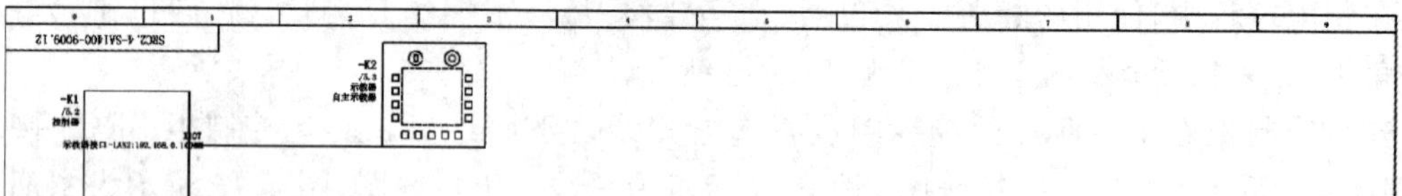

图 4-2　总线系统接线图

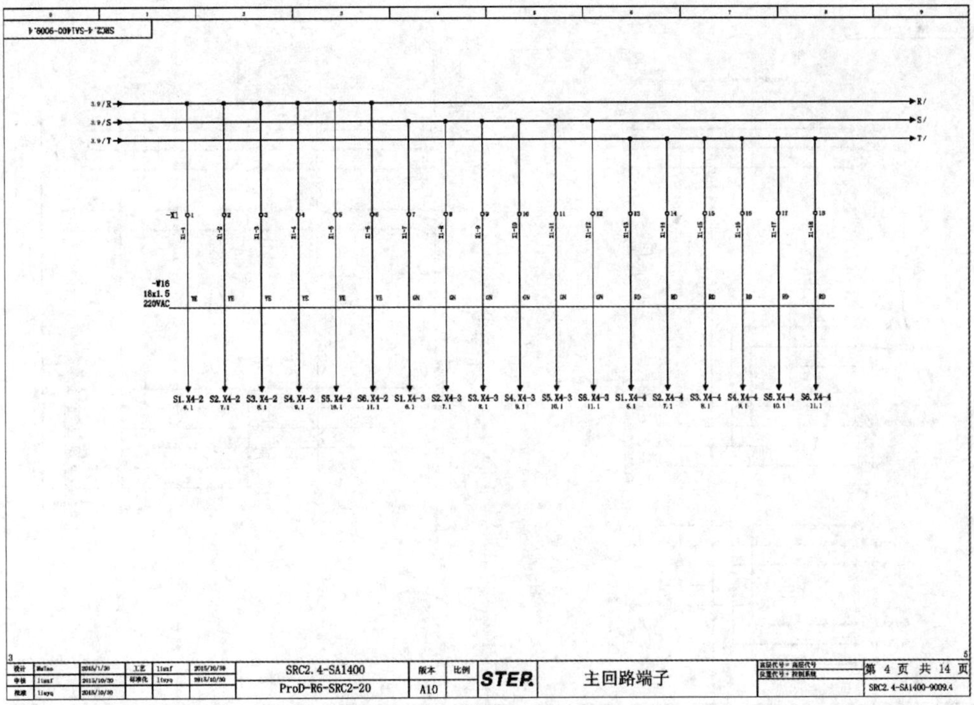

图 4－3　主回路端子接线图

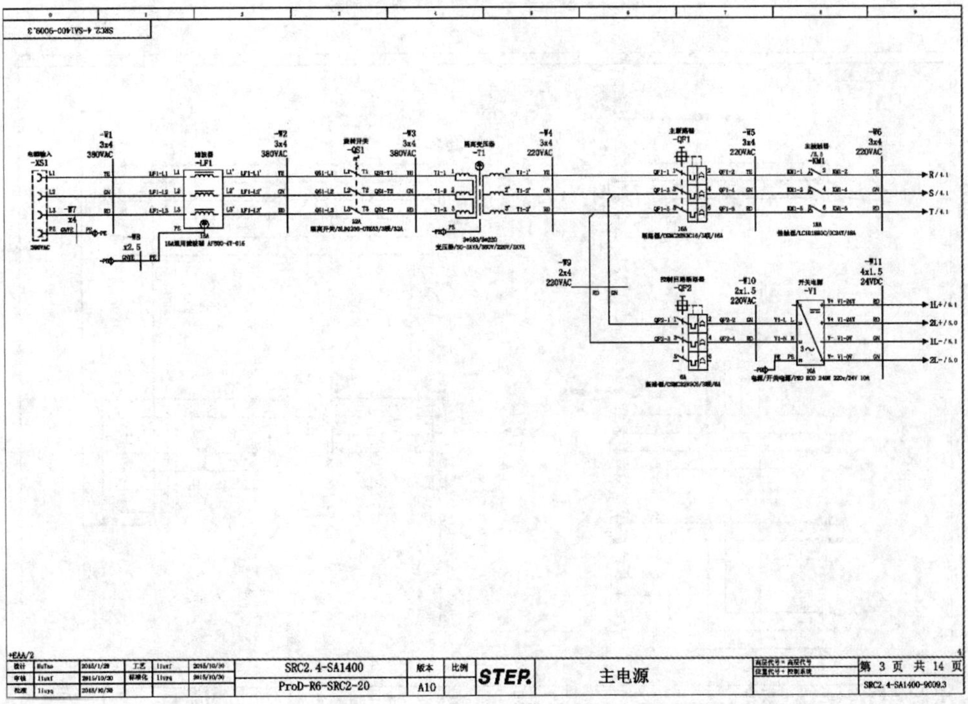

图 4－4　主电源接线图

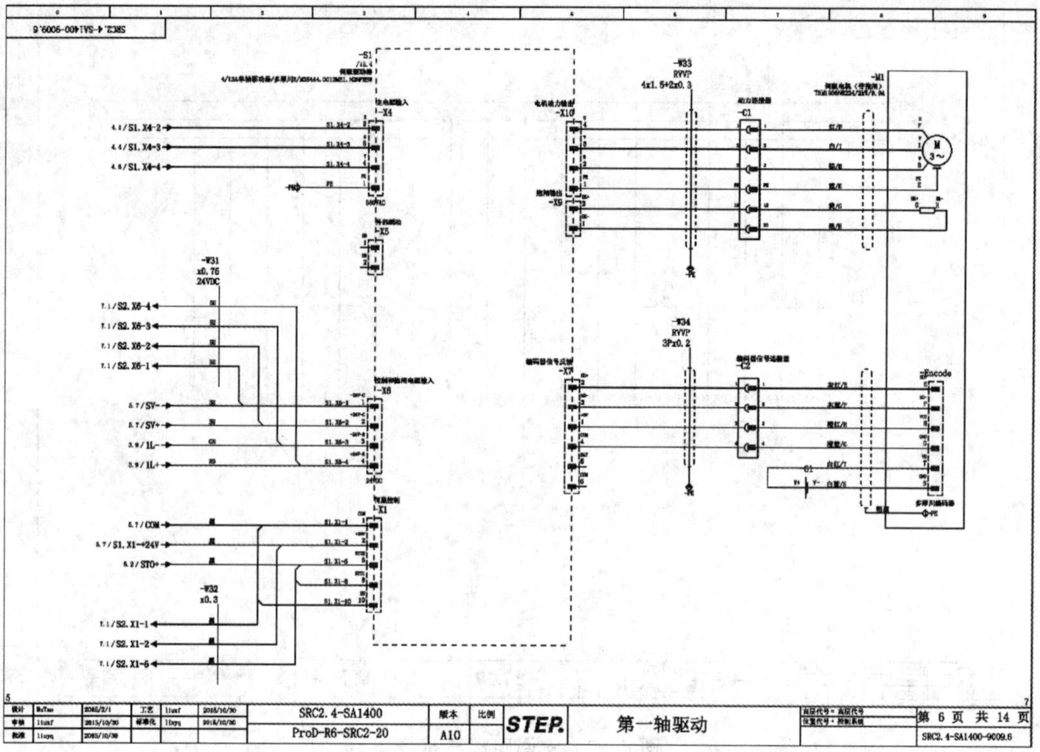

图 4－5　第一轴驱动器接线图

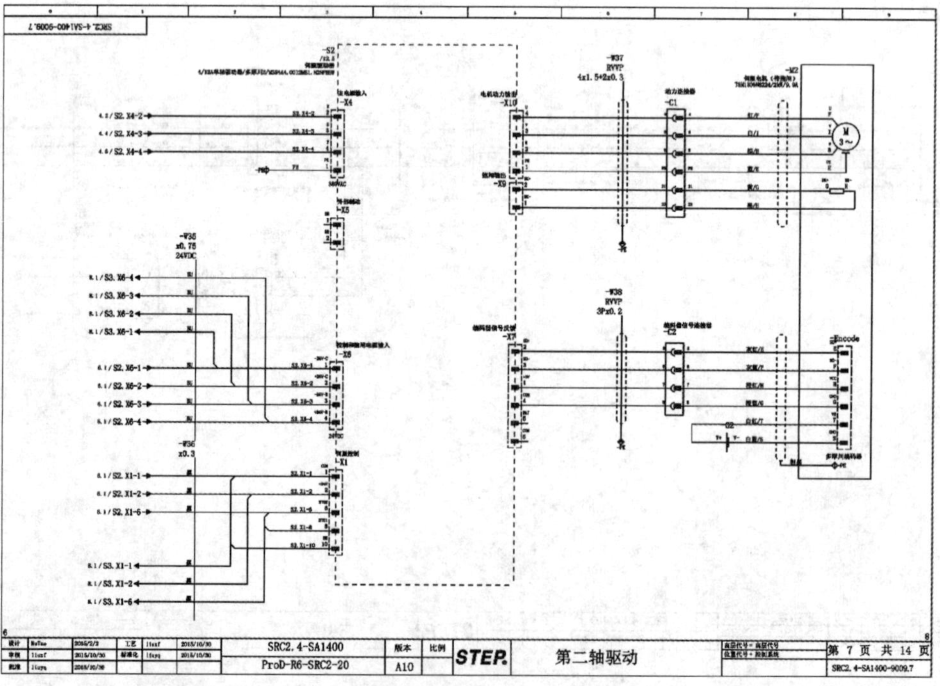

图 4－6　第二轴驱动器接线图

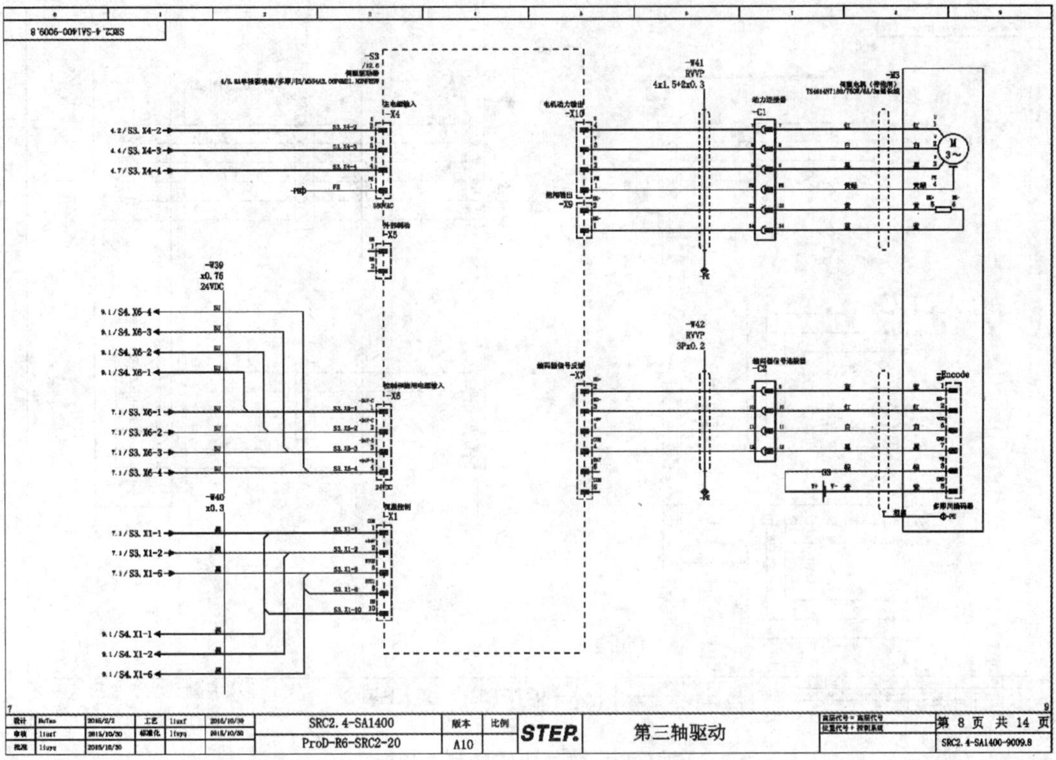

图 4－7　第三轴驱动器接线图

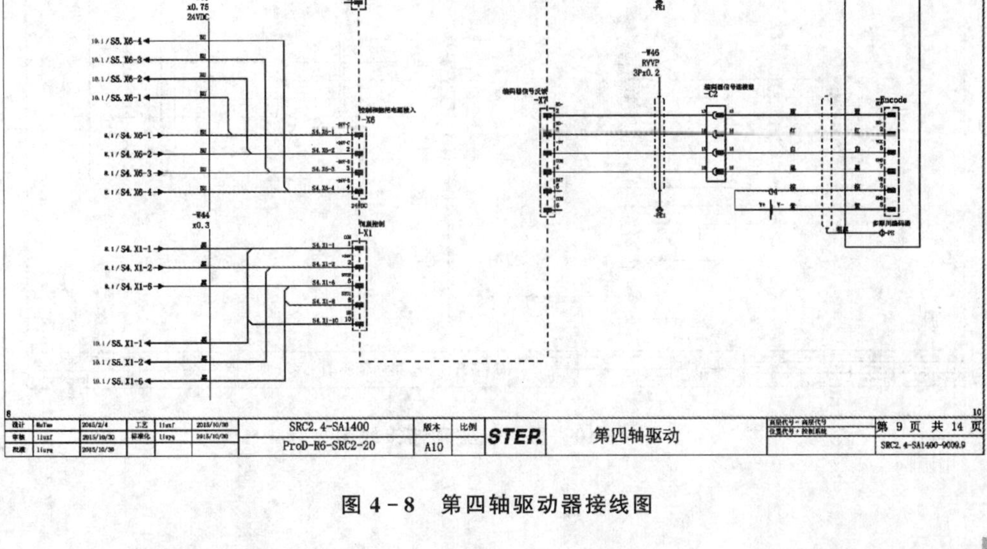

图 4－8　第四轴驱动器接线图

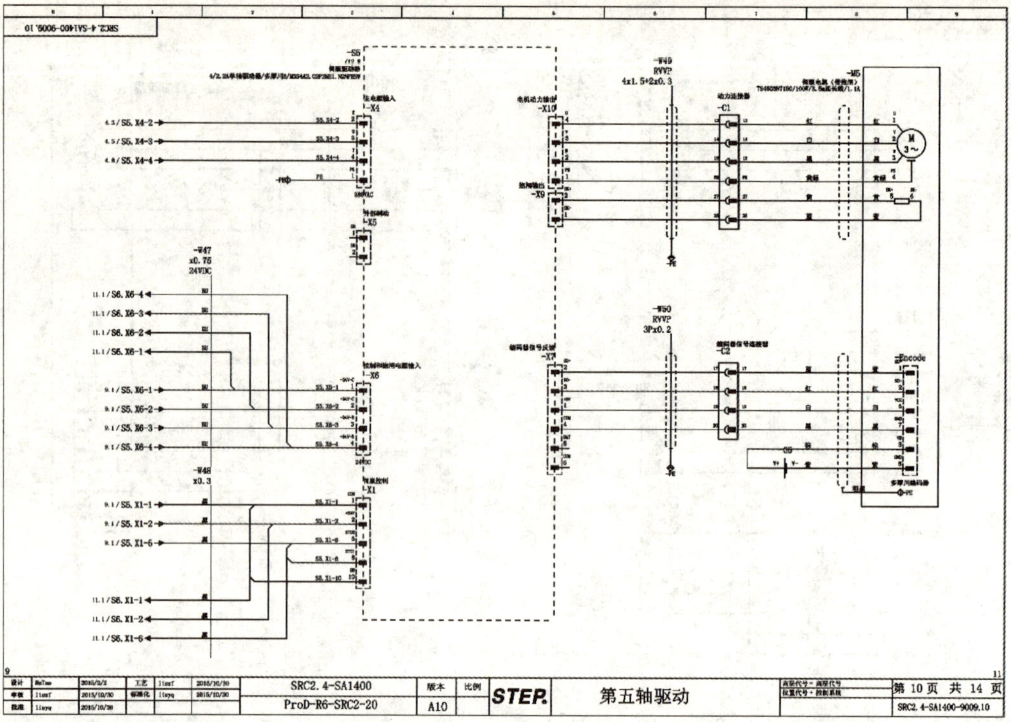

图 4-9　第五轴驱动器接线图

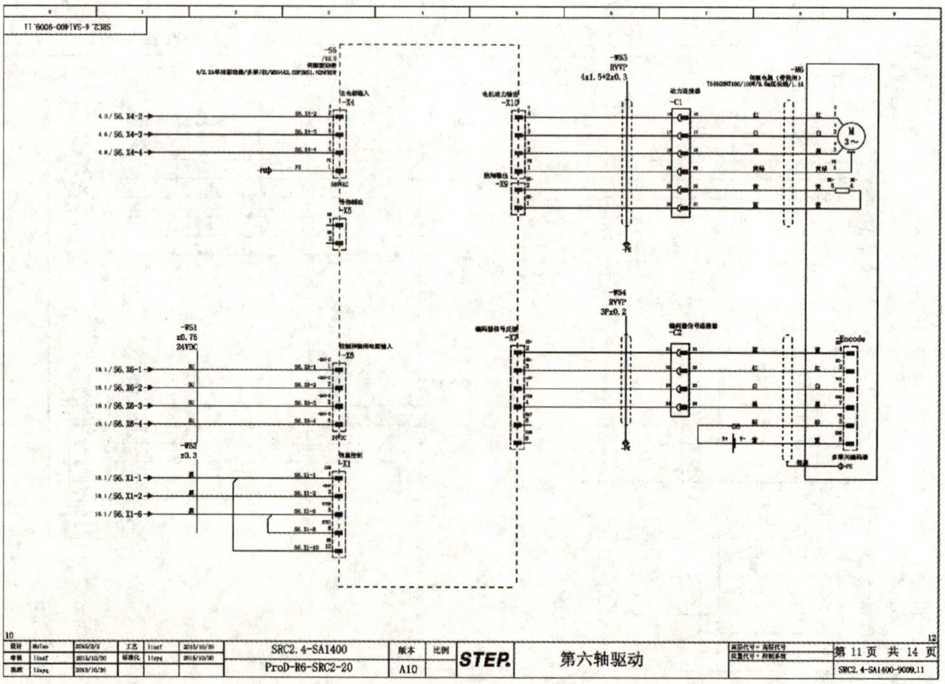

图 4-10　第六轴驱动器接线图

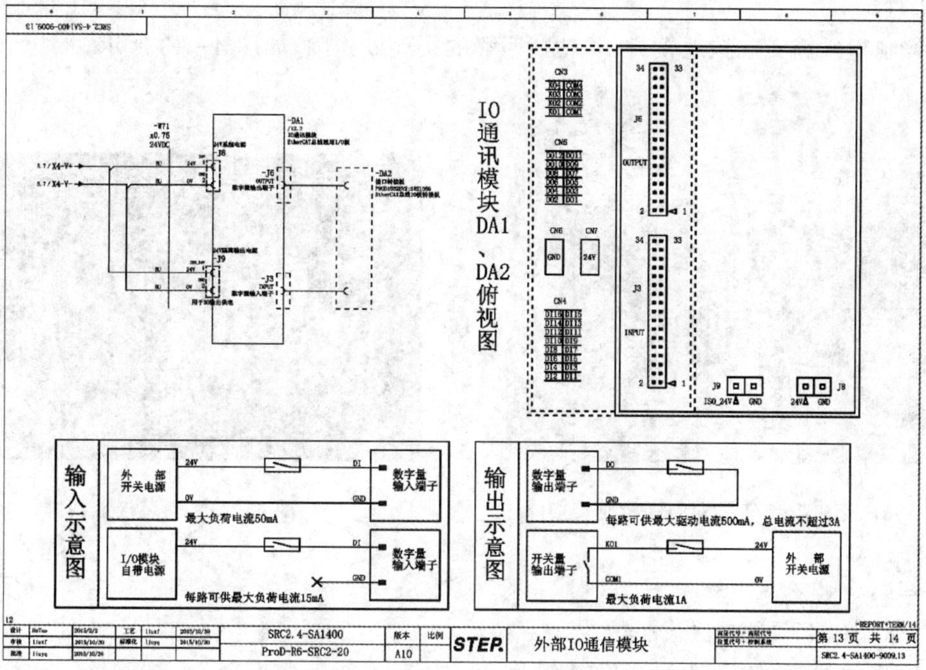

图 4-11　外部 I/O 通信模块示意图

3. 将元器件安装在电气安装底板上

① 根据电气原理图中的底板布置图量好线槽与导轨的长度，用相应工具截断（注：线槽、导轨断缝应平直）。

② 两根线槽如果搭在一起，其中一根线槽的一端应切成 45°斜角。

③ 用手电钻在线槽、导轨的两端打固定孔。

④ 将线槽、导轨按照电气底板布置图放置在电气底板上，用黑色记号笔将定位孔的位置画在电气底板上。

⑤ 先在电气底板上用样冲敲样冲眼，然后用手电钻在样冲眼上打孔。

⑥ 用螺钉、螺母将线槽、导轨固定在电气底板上。

⑦ 低压电器元器件（微型空开、继电器、接触器、信号线端子、动力电源端子等）应按照电气原理图中的底板布置图安装在电气安装板的导轨上。

⑧ 驱动器、开关电源等不需要导轨安装的电气元器件都要进行打孔、攻丝，再直接安装于电气安装底板上。

⑨ 将电气安装底板安装在控制柜中，如图 4-12 所示。电气元件的安装方式应符合该元件的产品说明书的安装规定，以保证电气元件的正常工作条件，在控制柜内的布局应遵从整体的美观，并考虑控制元件之间的电磁干扰和发热性干扰，元件的布置应讲究横平竖直原则，整齐排列。

⑩ 所有元件的安装方式应便于操作、检修、更换。

⑪ 所有元件的安装应紧固，保证不致因运输震动使元件受损，对某些有防震要求的元件应采取相应的防震方式处理。

⑫ 元件安装位置附近均需贴有与接线图对应的表示该元件种类代号的标签，标签采用电

脑印字机打印。

⑬ 控制柜底侧安装接地铜排,并粘贴明显的接地标识牌,如图 4-13 所示。

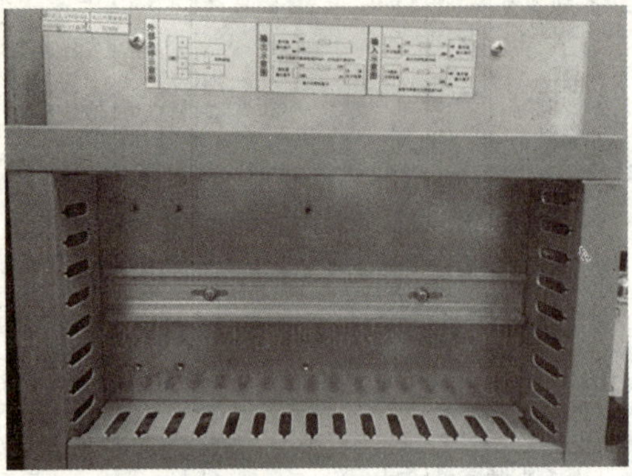

图 4-12 电气安装底板安装在控制柜中

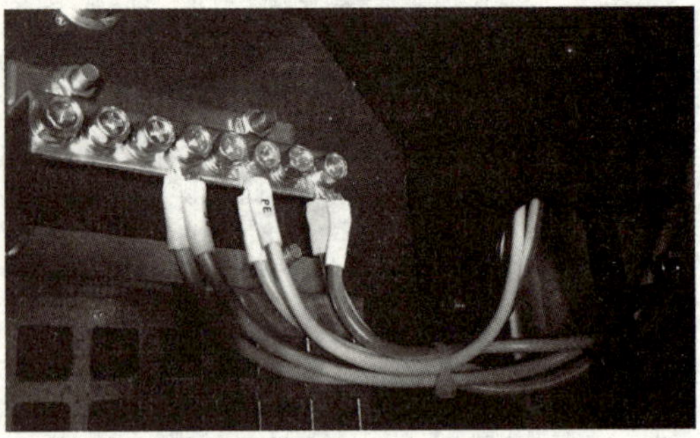

图 4-13 安装接地铜排

4. 配 线

一般采用以下两种方法进行配线:

方法一:放线→布线→扎线束→接线;

方法二:固定行线槽→放线→布线→接线。

① 按照图纸要求进行接线,接线要层次分明、整齐美观、同一个组合里一样的元件走线的方式应该一致,并且连接的线要牢固。

② 开关、控制板的进出线一般需要压针或者插片,可以按照电流的大小和进出线的数量来选择其规格。图 4-14 所示为控制柜中接好线的元件。连接线时要求线号明确,无裸露线,连接牢固,不能虚接,否则会引起设备故障。

图 4-14 控制柜中接好线的元件

5. 控制柜的测试

控制柜连接完毕后,装配人员在装配完毕后应自检。自检的要求是要认真对照电气原理图的接线图,同时按照上述相关要求对设备进行自检,若有不符之处进行纠正。确认无误后将柜内清洁打扫干净。使用万用表检测连接是否正确并做好记录,使用兆欧表测试各元器件之间的绝缘性能(>500 MΩ),测试是否具有良好电气接地。

以上就是电气控制柜内部安装的大致流程。一般情况下电气控制柜出厂时都是安装完成的成品,在使用前,只需要对控制柜进行搬运,然后放置到合理位置即可。

任务二 机器人气源接口的安装

机器人气源接口的安装

【知识学习】

末端执行器如果使用气动部件(含真空吸附部件),需要连接气路。末端执行器如果使用电气控制,需要在机器人本体上走线。在多功能工作站中的 IRB120 机器人本体上安装抓爪需要连接气路,机器人本体上提供了气路接口,位于底座与机器人上臂,接口处是螺纹气管接头,需要使用快插接头来连接,快插接头如图 4-15 所示。

图 4-15 快插接头

底座上的气源输送插口通过 PE 气管与电磁阀相连接,电磁阀与继电器通过信号的控制,可以将压缩空气通过本体内部的气管输送到上臂的气源输送孔,再将抓爪与输送孔用气管相连,将气源输送给抓爪,来实现抓爪的打开及闭合。

【任务实施】

连接气源 PE 气管的具体操作如下:

① 将快插接头安装在底座气源插口上,如图 4-16 所示,再将气管插入到底座的气源插孔内;

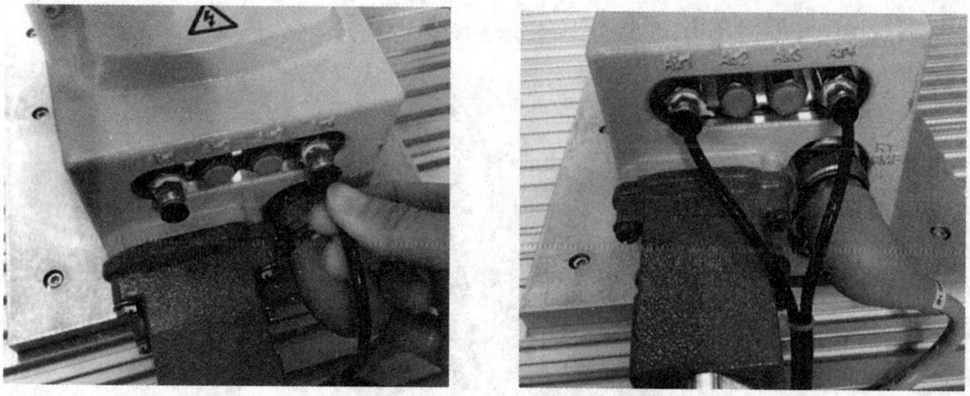

图 4-16 插入气源 PE 气管

② 将快插接头拧到手臂上的气源插口上,如图 4-17 所示;

③ 剪裁一段长度适合抓爪与手臂气源输送孔之间距离的 PE 气管,然后一端插入到手臂上的输送插口,如图 4-18 所示;

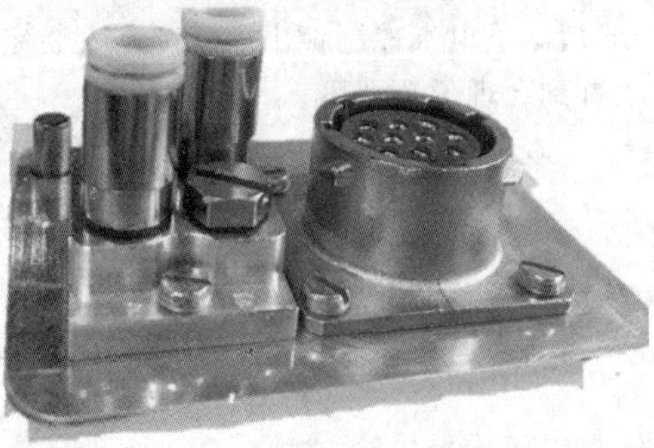

图 4 - 17　气源输送插口拧入快插接头

图 4 - 18　插入 PE 气管

④ 在抓爪的气源插口拧入快插接头，如图 4 - 19 所示；

⑤ 将 PE 气管的另一端插入到抓爪的快插接头内，如图 4 - 20 所示；

图 4 - 19　抓爪上拧入快插接头

图 4 - 20　抓爪上插入 PE 气管

⑥ 最后将 PE 气管用扎带固定，使其不会影响到机器人的运动，如图 4 - 21 所示。

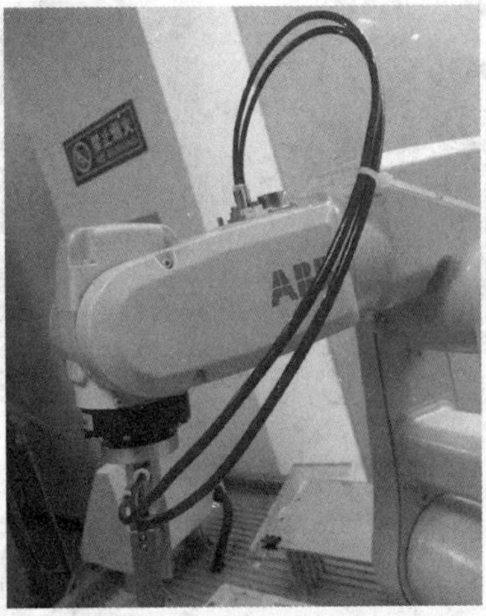

图 4 - 21　固定气管

这样，就完成了机器人末端执行器气源的连接。接下来进行气路检测。

给空气压缩机供电，开启空气压缩机，打开滑阀，三联件开始会发出吱吱的响声，等达到一定的压力后响声就会自动消失。使用一字小螺丝刀旋转电磁阀上的旋钮，对应的气缸就会动作，如果气缸的动作出现错误，更换电磁阀上的气管即可。

任务三　控制柜电源线的连接

【知识学习】

除了机器人与控制柜之间的线缆之外，还需要用线缆将控制柜与电源连接起来。新时达SA1400机器人控制柜配送一套电源接插件，电源接头均采用航空插头，以方便客户使用。电源接插件一边是将线缆接入外部保护断路器中，另一边是连接在控制柜上，然后通过两边的航空插头连接。如图4-22所示为控制柜上的电源线和两边的航空插头。

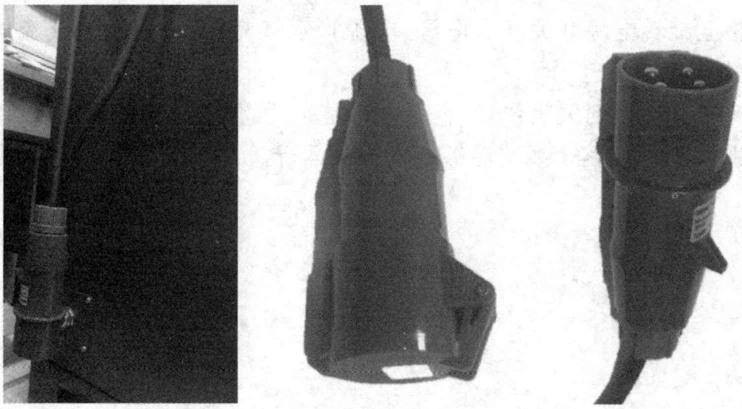

图4-22　控制柜上的电源线和两边的航空插头

【任务实施】

1. 机器人控制柜电源连接

① 关闭总电闸，将控制柜电源插件的线缆与车间供电线路连接（控制柜供电线为三相四线制，其中，三根火线接三相380V，一根黄绿线为地线）。如图4-23所示，务必要在确认其他线路连接无误后再连接控制柜电源与车间供电线路，且接线时保证断路器断开。

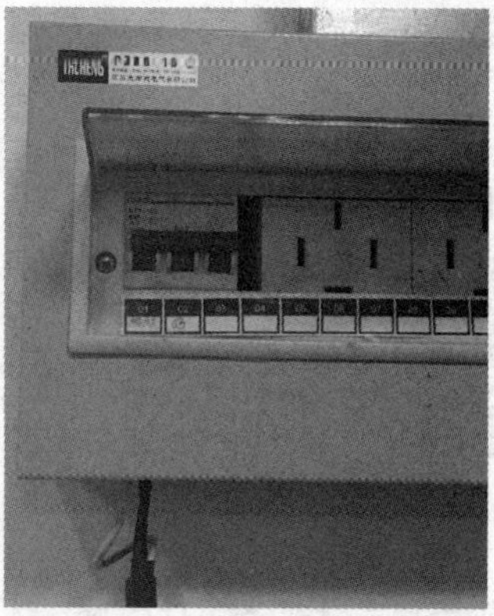

图4-23　供电开关布局图

② 然后将电源端的航空插头插入到控制柜端的航空插头中，如图4-24所示。

③ 解除示教器紧急停止按键的锁定。

④ 电源上电前，需检查电源参数是否正确，还需要对整个电路进行检测。首先检测接线端口是否存在松动问题，然后是上电前线路的检测，再进行上电检测，确保电路的安全性。

图 4－24　电源连接示意

2. 上电前的检测

硬件连接线全部连接完毕后，使用万用表测量线路是否存在短路情况。将万用表调到通断档，然后两支笔分别接触 24V 和 0V 线，如果万用表发出声音，则说明短路，没有声音则说明线路正常。将元器件的线路一一进行检测，确认电源线路正常并填写测试记录表后，由另一个人复查以确保无误。

上电测试如下：

① 总电源供电，总的空气开关合闸，万用表测试电压是否为 220V；

② 万用表测试每个插座是否为 220V；

③ 在控制柜上旋转电源开关开启电源，电源指示灯亮，万用表检测交流接触器是否输出 220V，观察各元件是否正常工作；

④ 再将电源开关旋转到关闭位置，查看电源是否关闭，电源指示灯灭。

所有的检测完成，确保整个线路能够正常投入运行。

项目五　工业机器人系统调试

任务一　机器人示教器的配置

机器人示教器的配置

【任务描述】

将新时达机器人接通电源，开启控制柜电源开关，在示教器界面进行用户登录和新建用户等操作，检查示教装置的功能是否正常。

【知识学习】

示教器启动后，进入到管理设置界面，如图 5－1 所示。其中主要界面是登录和系统设置。登录栏用于进行用户登录以及控制权限的获得与释放。系统设置栏用于进行系统设置，包括语言设置、日期设置和时间设置，同时在系统设置栏下半部分显示软件版本信息。

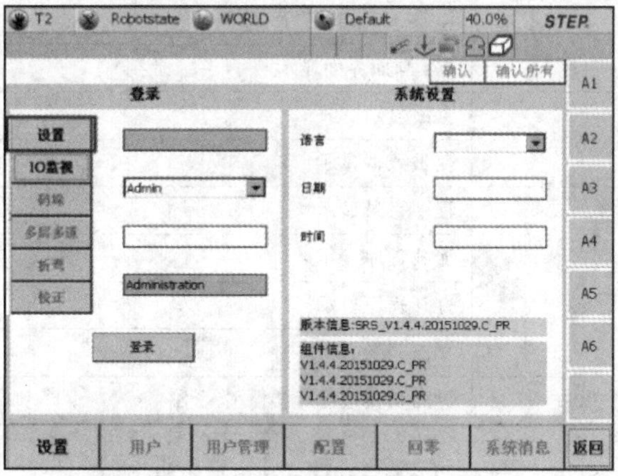

图 5－1　管理设置界面

登录栏下的当前用户表示当前登录用户名称，示教器程序启动后默认无用户登录，但此时可以使用示教器观察系统内部状态。

用户是用于进行用户选择、显示示教器存在的用户名称。其中 Admin 用户是始终存在的，Admin 默认登录密码为 123。

用户组是用于显示当前选择用户所属组，分为四个级别，分别是：Administration、High Level、Middle Level、Low Level。权限大小是 Administration＞High Level ＞ Middle Level ＞ Low Level，高一级权限可以进行低一级权限的操作。如果拨动钥匙到外部自动模式，权限自动给 PLC 端。从外部自动拨动回来后，权限自动从 PLC 端释放。具体的权限说明如表 5－1、表 5－2、表 5－3、表 5－4 所列。

Low Level、Middle Level、High Level、Administration 分别对应表中所属组中的 1，2，3，

4。控制权限:1 为需要控制权限,0 为不需要控制权限。

表 5-1 Lowlevel 用户权限说明

一级模块	二级模块	所属组	控制权限
状态栏	状态栏显示	1	0
错误报警信息显示	页面显示	1	0
	信息筛选显示	1	0
Report 界面显示	页面能否显示	1	0
	信息筛选显示	1	0
机器人位置界面	页面显示	1	0
	TCP 显示、参考坐标系的选择	1	0
IO 输入输出显示	页面显示	1	0
系统管理设置画面	用户登录页面显示	1	0
	用户登录	1	0
	控制权限获得释放	1	0
	当前登录用户页面显示	1	0
	版本信息界面显示	1	0
	Reset/Report 界面显示	1	0
	Sys 画面界面显示	1	0
变量监测编辑画面	页面显示	1	0
	变量数据显示	1	0
工程界面	程序目录显示	1	0
	加载程序显示	1	0
	打开程序显示	1	0
	页面显示	1	0
外围按键	界面切换按键	1	0

表 5-2 Middle Level 用户权限说明

一级模块	二级模块	所属组	控制权限
状态栏	错误报警信息确认	2	1
错误报警信息显示	单条确认	2	1
	确认所有信息	2	1
机器人位置界面	点动坐标系设置	2	1
	override 设置	2	1
工程界面	Load	2	1
	Open	2	1
	kill 程序	2	1
	close 程序	2	1

续表 5-2

一级模块	二级模块	所属组	控制权限
程序编辑界面	页面显示	2	0
	程序运行方式	2	1
外围按键	操作模式	2	1
	MOT	2	1
	jog	2	1
	step	2	1
	v－、v＋	2	1
	start	2	1
	stop	2	1
	轴＋、轴－	2	1
	2nd	2	1

表 5-3　High Level 用户权限说明

一级模块	二级模块	所属组	控制权限
机器人位置界面	工具设置	3	1
工具手对齐界面	页面能否显示	3	1
	工具对齐方式	3	1
	工具对齐激活	3	1
	工具对齐取消	3	1
IO 输入输出显示	DI 模拟输入	3	1
	DI 模拟输入去除	3	1
	D0 强制输出	3	1
	DO 强制输出去除	3	1
	AI 模拟输入	3	1
	AI 模拟输入去除	3	1
	A0 强制输出	3	1
	AO 强制输出去除	3	1
系统管理设置画面	示教器重启	3	1
	控制器重启	3	1
变量监测编辑画面	变量新建	3	1
	变量重命名	3	1
	变量剪切	3	1
	变量复制	3	1
	变量粘贴	3	1
	变量删除	3	1
	变量示教	3	1
	变量修改	3	1

续表 5-3

一级模块	二级模块	所属组	控制权限
Positions 界面	页面显示	3	1
	变量选择	3	1
	变量示教	3	1
	jog to position 方式选择	3	1
	jog to position 激活	3	1
	jog to position 取消	3	1
自定义坐标系	页面显示	3	1
	参考坐标系变量选择	3	1
	参考坐标系选择	3	1
	SETUP 按键	3	1
tool 界面	页面显示	3	1
	工具变量选择	3	1
	SETUP 按键	3	1
工程界面	工程程序重命名	3	1
	工程程序删除	3	1
	工程程序粘贴	3	1
	工程程序复制	3	1
	程序新建	3	1
	工程新建	3	1
	Import	3	1
	Export	3	1
程序编辑界面	MODIFY	3	1
	New	3	1
	Setpc	3	1
	copy	3	1
	paste	3	1
	cut	3	1
	remove	3	1

表 5-4 Administration 用户权限说明

一级模块	二级模块	所属组	控制权限
系统管理设置画面	用户管理页面显示	4	0
	用户编辑	4	1
	用户新建	4	1
	用户删除	4	1
	creat(报告生成)	4	1

续表 5-4

一级模块	二级模块	所属组	控制权限
系统管理设置画面	export(报告导出)	4	1
	IP 连接修改设置	4	1

当登录完成时,示教器界面下方的用户管理等按键显示出来,可以进行相关设置。

单击“用户管理”按键,会进入用户管理界面,可以进行新建、编辑和删除用户的操作。单击下方“配置”按钮进入配置界面,可以完成点动坐标系配置、大/小键盘配置和按键配置。单击下方“回零”按键进入回零界面,可以进行机器人的单轴回零和机器人本体轴同时回零。

单击“位置”,弹出机器人 TCP 在不同坐标系下的位置信息界面,在世界坐标系和基坐标系下会显示出笛卡尔空间位置信息,如图 5-2 所示。信息分为三列,分别为名称、数值、单位。名称依次为 X、Y、Z、A、B、C,数值显示精确到小数点后 2 位,单位分为两种:mm(毫米,对应 X、Y、Z)、deg(度,对应 A、B、C)。

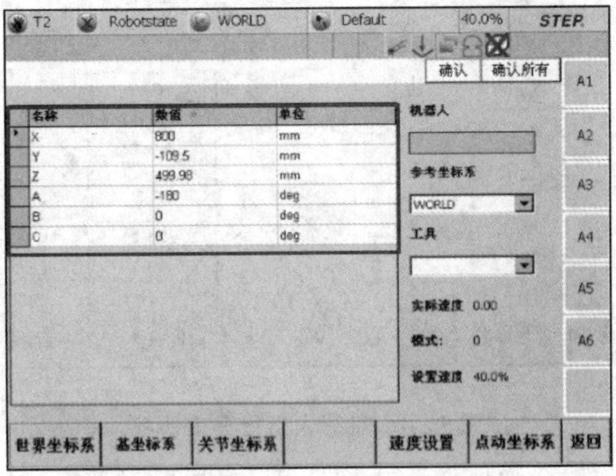

图 5-2　位置信息界面

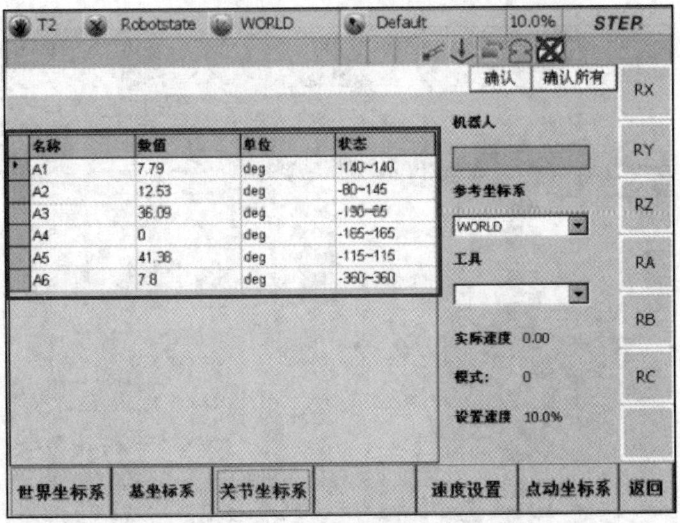

图 5-3　关节空间位置显示

当选择关节坐标系，界面会切换到关节空间位置显示，也就是轴的位置信息，如图 5-3 所示。TCP 在关节空间的位置显示分为四列，分别为名称、数值、单位、状态。名称依次为 A1、A2、A3、A4、A5、A6，如果有附加轴，图中需加上 A7、A8、A9…，表示的是机器人附加轴，最多可以配 6 个附加轴。数值显示精确到小数点后 2 位，单位为 deg(度)；状态显示关节限位，单位为度。

单击“速度设置”，可对机器人运行速度进行调整。此处速度设置分为 8 挡：100%、80%、50%、30%、10%、2inc、1inc、0.1inc。如果在此处选中相应速度（如 10%）后，状态栏中速度值显示会做出相应变化，如图 5-4 所示。速度还可以通过面板按键 v+、v−设置。

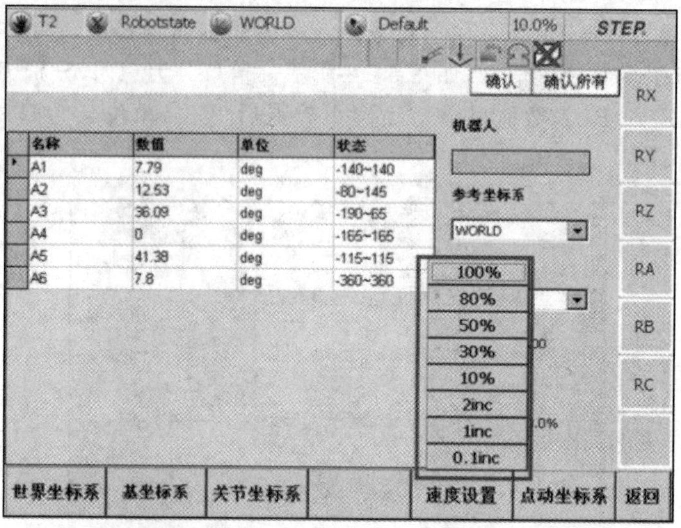

图 5-4　机器人运行速度调整

单击“点动坐标系”按钮会弹出点动参考坐标系设置的对话框，对应分别为工具、关节、基坐标系、世界坐标系，如图 5-5 所示。

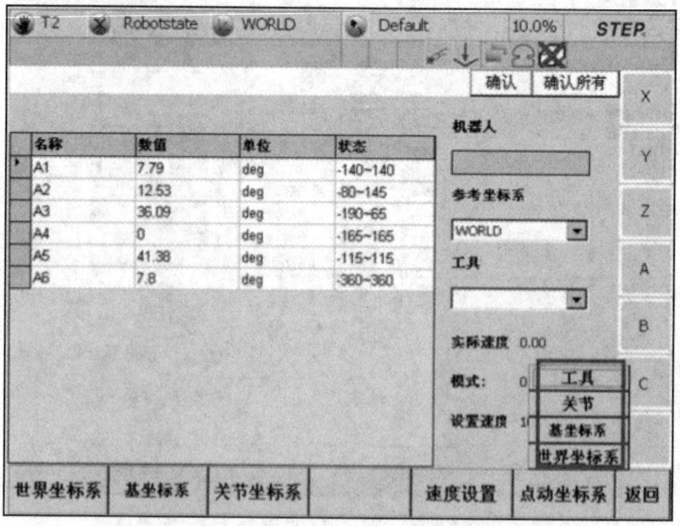

图 5-5　参考坐标系设置对话框

点动参考坐标系设置为“工具”后，界面右侧状态栏会显示为 TX、TY、TZ、TA、TB、TC；点动参考坐标系设置为“关节”后，界面右侧状态栏会显示为 A1、A2、A3、A4、A5、A6；点动参考坐标系设置为“基坐标系”或自定义坐标系后，界面右侧状态栏会显示为 RX、RY、RZ、RA、RB、RC；点动参考坐标系设置为“世界坐标系”后，界面右侧状态栏会显示为 X、Y、Z、A、B、C。

【任务实施】

拉开电闸供电后，扭动控制柜上的旋转开关从 OFF 到 ON，使控制柜上电，控制柜上电指示灯变亮，灯光为红色，示教器启动。

启动示教器后，插入钥匙，将钥匙开关旋至手动模式，示教器界面状态栏显示 T2，在示教器界面点击用户的下拉菜单，选择用户，这里选择 Admin，如图 5-6 所示。

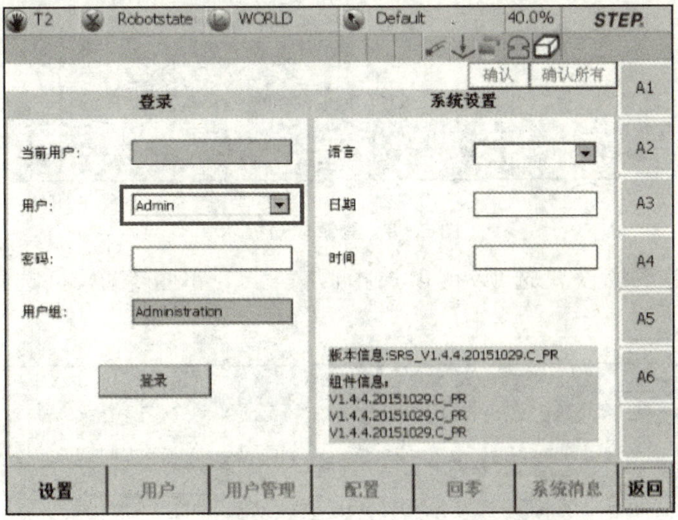

图 5-6　选择用户

然后在密码一栏中利用下方弹出的小键盘输入密码 123，如图 5-7 所示。

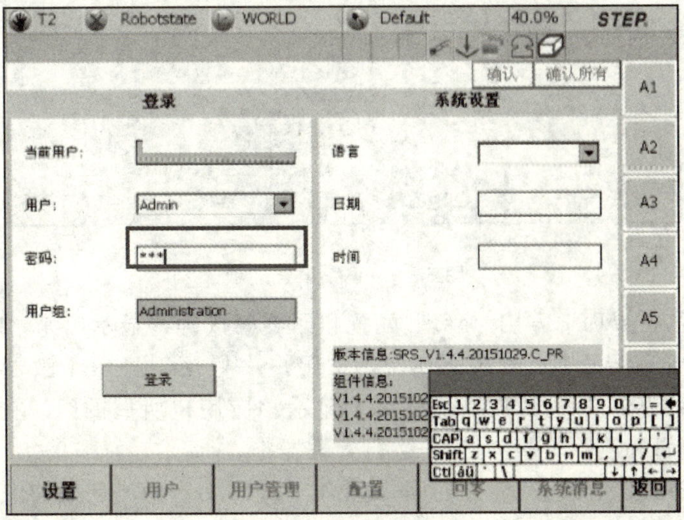

图 5-7　输入密码

单击登录，会弹出登录成功的提示，并在“当前用户”上显示出用户名 Admin，表明登录成功，如图 5-8 所示。

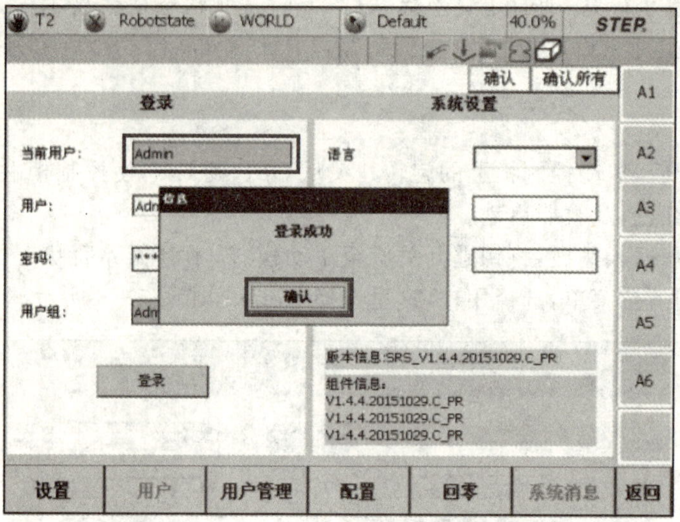

图 5-8　登录成功提示

界面的右边是系统设置选项，可以选择语言，点开下拉菜单，可选择中文和英文，如图 5-9 所示。

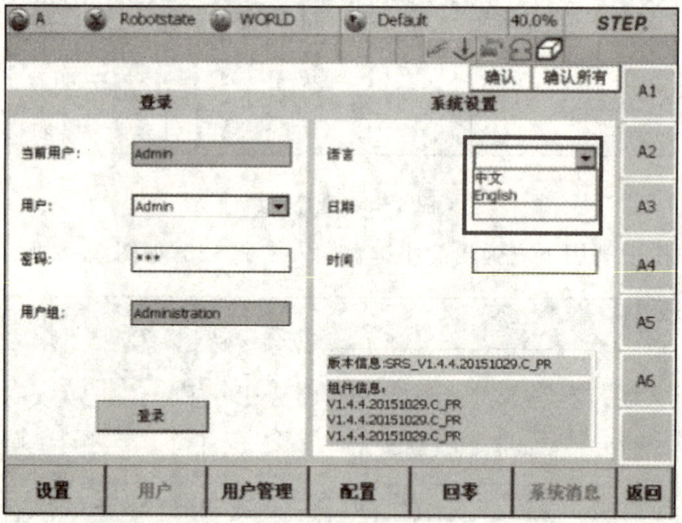

图 5-9　系统设置选项

当登陆成功后，在界面下方用户管理、配置和回零等按键都显示出来，单击“用户管理”按键，可以进入用户管理界面，如图 5-10 所示。用户一栏用于显示示教器存在的用户名称(Admin 用户是始终存在的)，用户组一栏用于显示相应用户所属的组。在下方还有 3 个按键，分别是新建、编辑和删除，用于对用户进行管理操作。

单击“新建”按钮进入到用户新建界面，如图 5-11 所示。弹出新建的用户编辑界面，需要对新建的用户进行编辑。

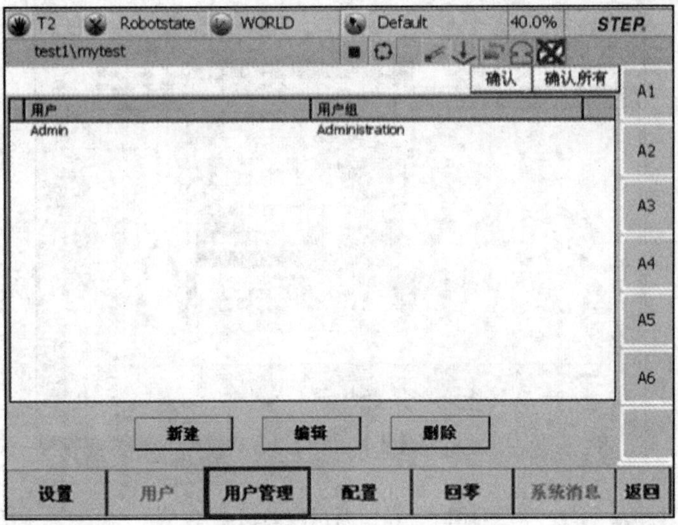

图 5-10　用户管理界面

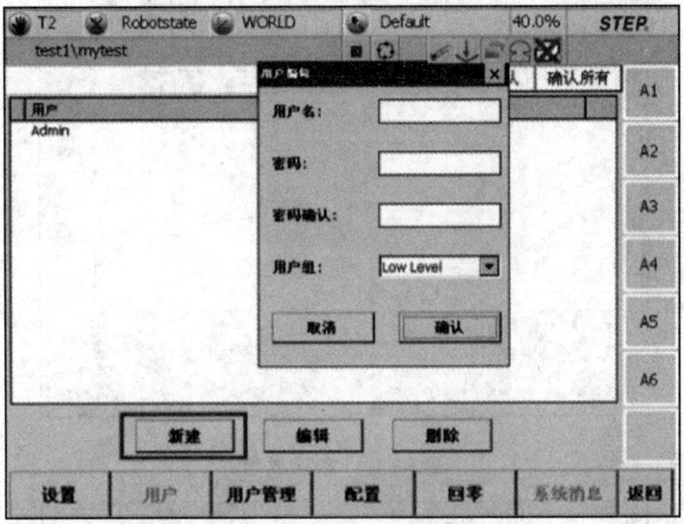

图 5-11　用户编辑界面

用户名一栏用于输入用户的名称，只接受英文字母，密码一栏用于输入这个用户的密码，密码确认栏用于重新输入用户密码，用户组一栏用于选择用户所属的组（High Level、Middle Level、Low Level），单击“确认”按钮，就完成了用户的新建工作，单击“取消”按钮则取消用户新建。这里要注意密码与确认密码栏输入的密码要一致。如图 5-12 所示，新建了一个用户 aaa，密码设置成 1223，用户组的权限选择 Low Level，单击“确定”按钮后，在用户管理界面显示出新建的用户，如图 5-13 所示。

如果要对用户进行编辑，则要选中要编辑的用户，然后单击“编辑”按键，就会进入到用户编辑界面，如图 5-14 所示。在用户编辑界面，可以对用户密码、用户所属组进行修改。单击“确认”按钮完成用户编辑工作，单击“取消”按钮取消用户编辑。

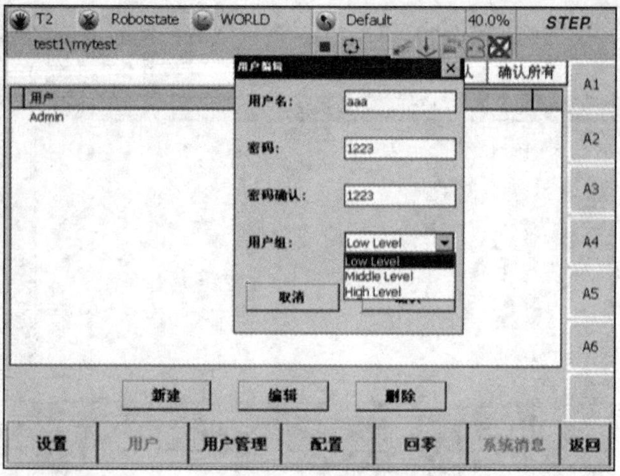

图 5-12　新用户的创建

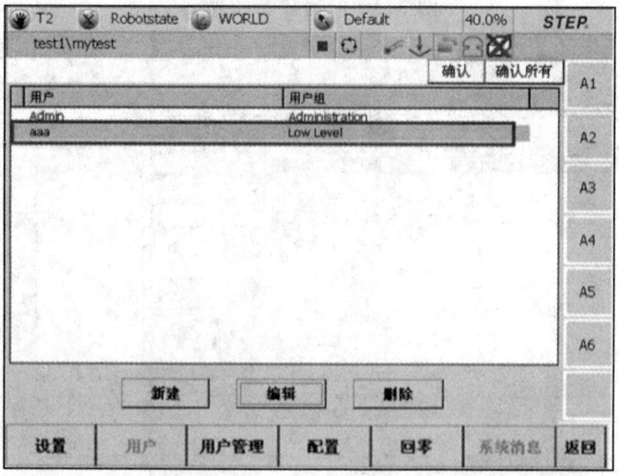

图 5-13　创建成功

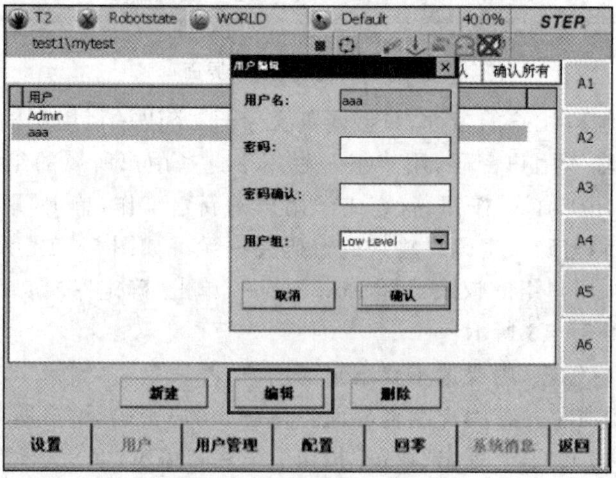

图 5-14　对用户进行编辑

如果要删除用户，则需要选中某个用户，单击“删除”按钮，会弹出如图 5－15 所示对话框。单击 OK 完成用户删除工作，点击取消按钮取消用户删除，注意用户 Admin 是不可以删除的。

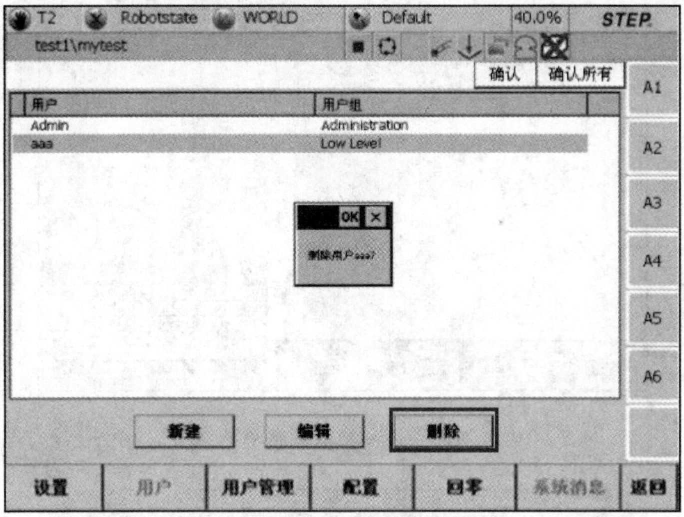

图 5－15　删除用户

用户管理的设置完成后，单击下方“配置”按钮进入配置界面，分为点动配置、键盘配置和按键配置，单击“点动配置”，如图 5－16 所示。勾选需要使用的点动坐标系，被勾选的坐标系可通过点按示教器上的点动键进行切换，同时在示教器右侧状态栏中显示对应的坐标系表达。

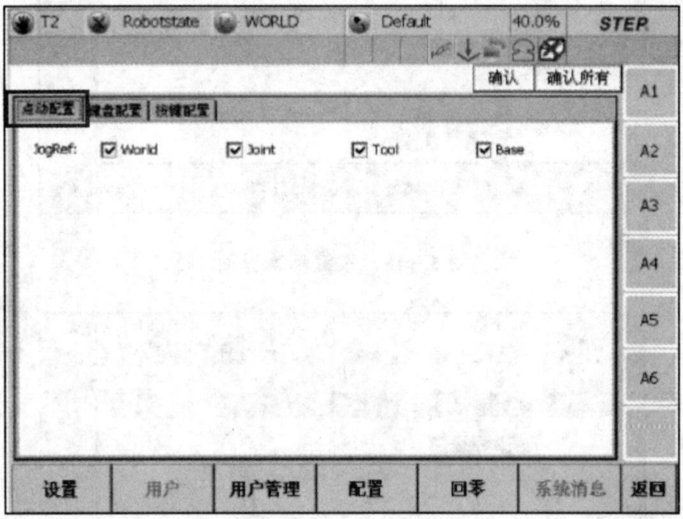

图 5－16　配置界面

单击“键盘配置”，就能进入键盘配置界面，如图 5－17 所示。通过勾选大键盘框，可实现系统大/小键盘的切换。勾选大键盘后，系统使用大键盘，取消大键盘勾选后可恢复小键盘。

在配置界面，单击“按键配置”，可实现对按键 F1 功能的更改，如图 5－18 所示。F1 按键有两个功能选择：抽丝和折弯仿真。选中“折弯仿真”后，单击 F1 按键可进行折弯仿真，同时状态栏右上角的图标变为如图 5－19 所示。

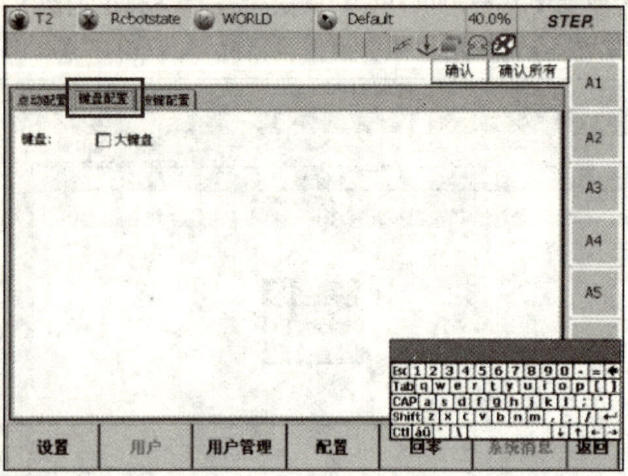

图 5－17　键盘配置界面

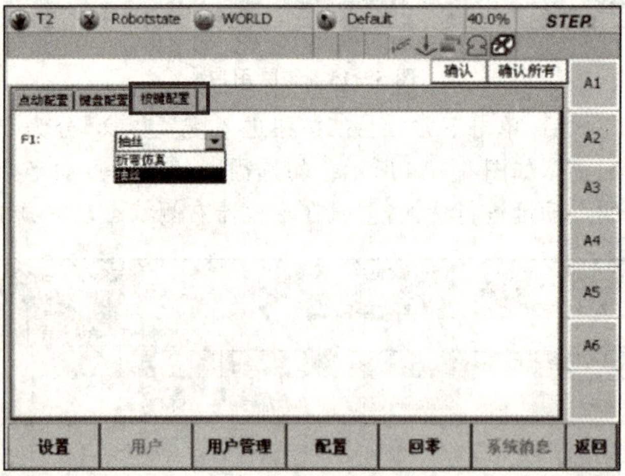

图 5－18　按键配置界面

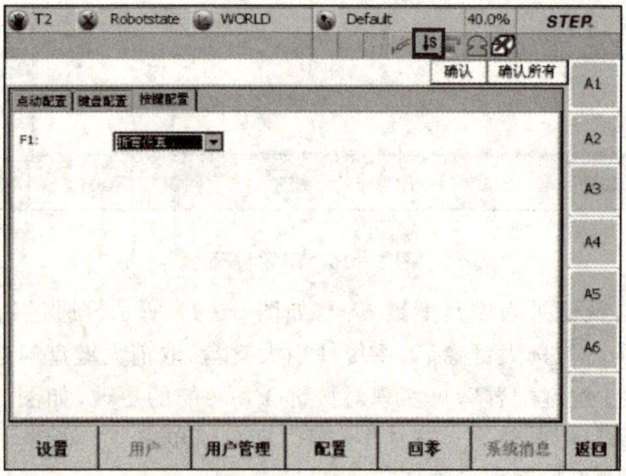

图 5－19　F1 按键功能选择

任务二　机器人运行操作

机器人气
运行操作

【任务描述】

接通电源，开启机器人，检测机器人的紧急停止按钮是否有效，然后分别在世界坐标系和关节坐标系下移动机器人，并对机器人进行回零操作。

【知识学习】

机器人系统上有紧急关断按键、运行方式选择开关、点动运行、机械终端卡位和软件限位开关这些安全防护装置。在安全防护装置被拆下或关闭的情况下，不允许运行机器人系统。

紧急关断按键即机器人的急停按钮，位于示教器控制面板上，按下紧急关断按键时，机器人驱动器将立刻关断。一旦出现危及人员或设备的情况，必须按下紧急关断按键。若需继续运行，则必须旋转紧急关断按键将其解锁，并对停机信息进行确认。

机器人系统运行方式有 3 种：手动快速运行(T2)、自动运行(AUT)和外部自动运行(AUT EXT)，可以通过面板上的钥匙开关来切换。如果在机器人运动过程中改变了运行方式，机器人驱动器立刻中断。各运行方式应用场合及速度要求见表 5-5。

表 5-5　机器人运行方式

运行方式	应　用	速　度
T2	用于测试运行	● 编程运行：无速度限制要求； ● 点动运行：最高速度为 250mm/s
AUT	用于不带上级控制系统的机器人系统	● 编程运行：无速度限制要求； ● 点动运行：无法进行
AUT EXT	用于带有上级控制系统(如 PLC)的机器人系统	● 编程运行：无速度限制要求； ● 点动运行：无法运行

编好一段程序，首先需要在手动模式下进行程序示教及调试，程序调试没有问题后，才可以在自动模式下运行程序。手动模式下运行程序称为点动运行程序。

自动运行程序与点动运行程序的不同之处在丁：自动运行程序通过点击 Start 按键运行程序，手动运行程序要求一直按住 Start 按键运行程序，松开 Start 按键，机器人停止运行。手动运行程序更加安全，因为在手动模式下机器人运行速度有更严格的限制。

机器人的机械终端限位是指基本轴 A1、A2、A3、A5 带有的缓冲器的机械终端限位。

A1 轴硬限位如图 5-20 所示，A2 轴硬限位如图 5-21 所示，A3 轴硬限位如图 5-22 所示，A5 轴硬限位如图 5-23 所示。

机器人所有轴都可以通过设定的软件限位开关来限制机器人轴的运动范围。软件限位开关仅用作机械防护装置，并设定为机器人不会撞到机械终端限位上。

图 5-20　A1 轴硬限位

图 5-21　A2 轴硬限位

图 5-22　A3 轴硬限位

图 5-23　A5 轴硬限位

新时达机器人的机械零点位置，是出厂前调通过拉线编码器进行标注的。A1 轴零点，如图 5-24 所示，A2 轴零点如图 5-25 所示，A3 轴零点如图 5-26 所示，A4 轴零点如图 5-27 所示，A5 轴零点如图 5-28 所示，A6 轴零点如图 5-29 所示(A6 轴为 360°旋转轴，可自定义零点)。

新时达机器人的坐标系示意图如图 5-30 所示。工具坐标则是当法兰上加上工具后的坐标系，附加轴坐标系是指与外部附加轴系统固连的笛卡儿坐标系。

点动是通过按点动按键“+”、“-”使机器人运动。点动只可以在手动模型下进行，通过三位开关上使能后便可进行点动操作。

点动三要素:上使能、点动坐标系和点动速度。

① 通过三位开关上使能;

② 点动参考坐标系有关节参考坐标系、笛卡儿参考坐标系(世界坐标系、工件坐标系、自定义参考坐标系)，点动参考坐标系设置可以通过机器人位置界面中的点动坐标系按钮弹出框

设定，或者通过示教器上的点动键进行切换。

③ 点动速度设置方式是按键 V+/V−设置或位置界面中“速度设置”设置。

图 5－24　A1 轴零点

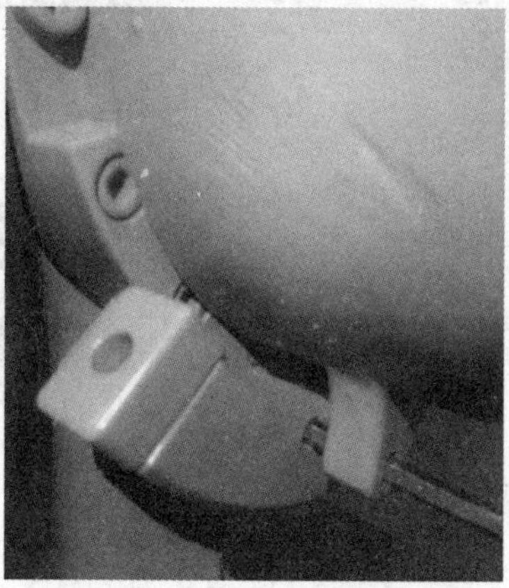

图 5－25　A2 轴零点

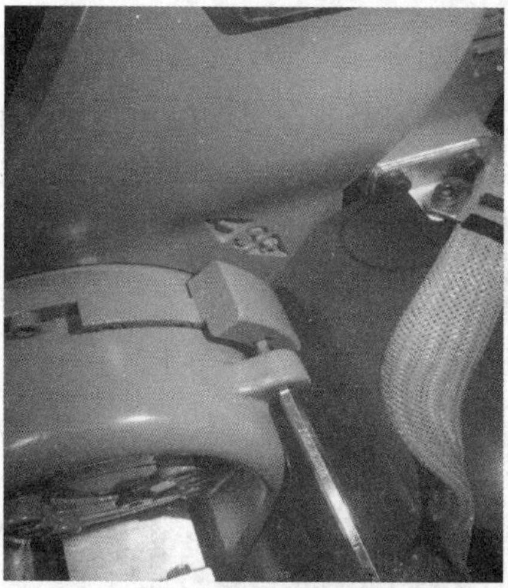

图 5－26　A3 轴零点

图 5－27　A4 轴零点

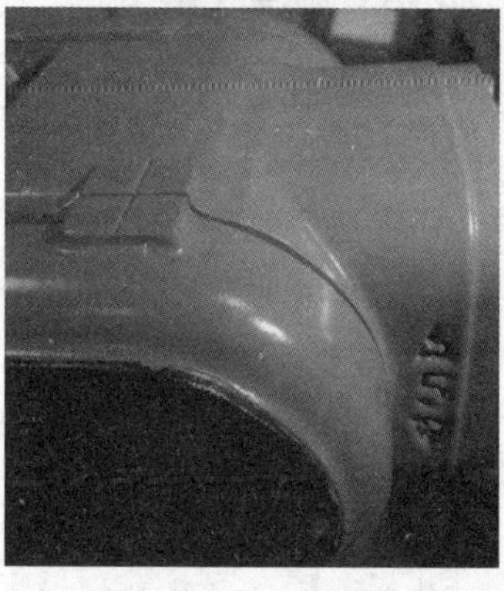

图 5－28　A5 轴零点

图 5－29　A6 轴零点

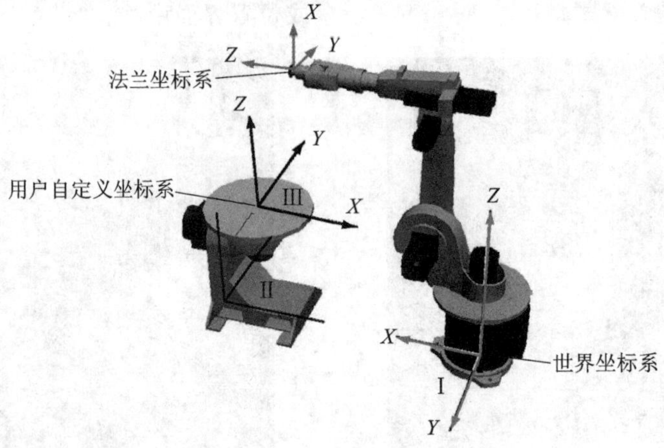

图 5 - 30　机器人坐标系示意图

【任务实施】

1. 机器人在世界坐标系和关节坐标系下的运行

接通电源，旋转控制柜上的旋转开关，给机器人上电，示教器启动后，进行登录操作，然后按下紧急停止按钮。如图 5 - 31 所示，在状态栏上会显示出紧急停止按钮被按下的标志，说明示教器上的紧急停止按钮是有效的，然后可以旋转紧急停止按钮，解除急停。

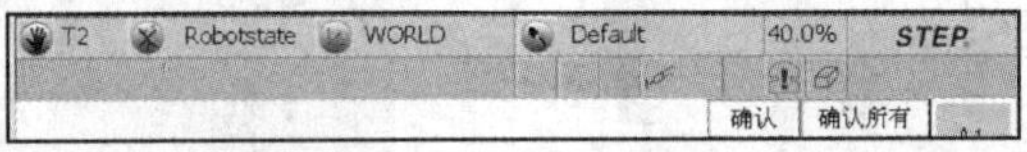

图 5 - 31　状态显示

接下来可以单击位置按键，再单击点动坐标系，弹出如图 5 - 32 所示的坐标系选项。

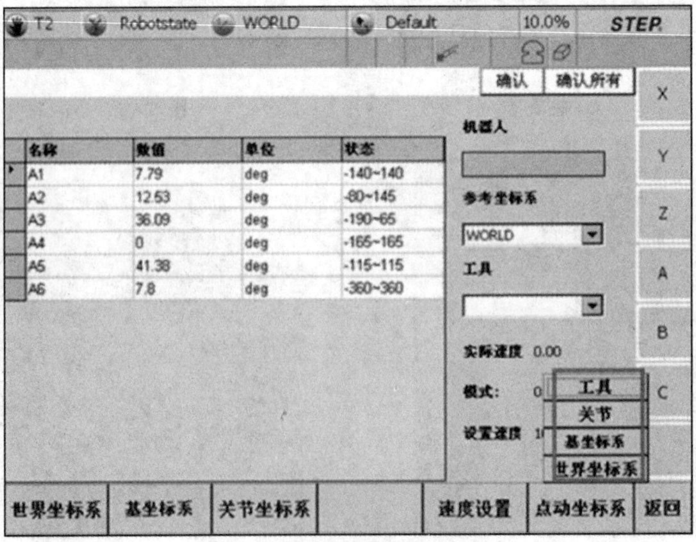

图 5 - 32　坐标系选项

选择需要的坐标系，这里选择关节坐标系，如图 5 - 33 所示。切换点动坐标系也可以通过示教器上的点动键进行切换。

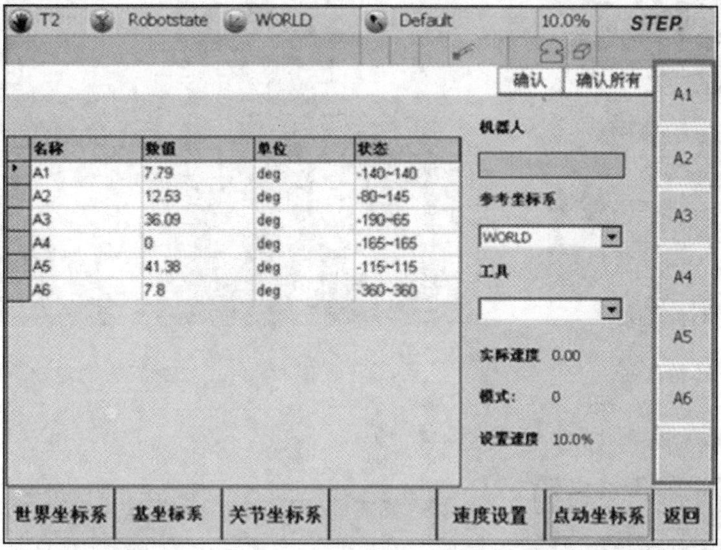

图 5 - 33　选择坐标系

然后按下使能键，使能完成时，示教器面板有相应的变化，LED－Motion 变亮，如图 5 - 34 所示。

图 5 - 34　使能键指示灯

上使能保持三位开关按住，另一只手依次点动示教器控制面板右侧“＋”、“ －” 按键，确认六个轴可以正常运行。每一行“＋”、“－”键代表各个轴运动的相反方向。松开按键，机器人停止运动，松开开关，机器人使能断掉(注意：机器人运动过程中不能断使能，否则会报错)。

A1 轴正方向移动，具体如图 5 - 35、图 5 - 36 所示。

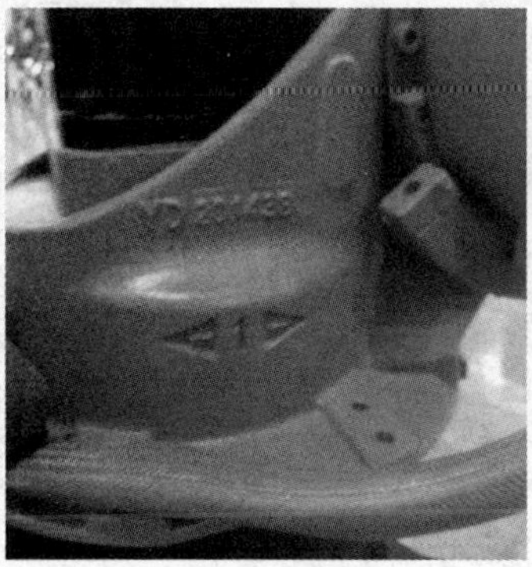

图 5 - 35　A1 轴标注

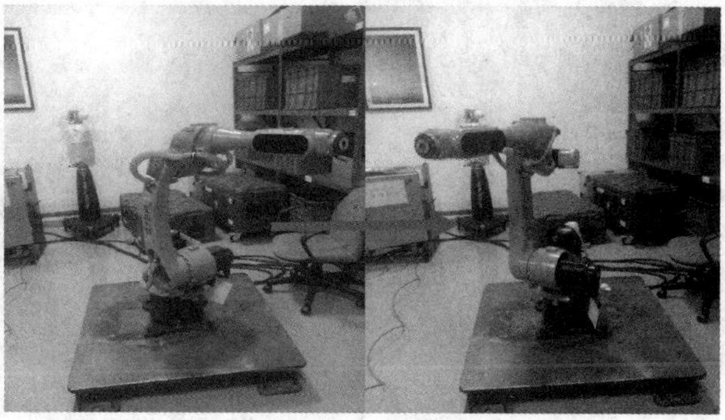

图 5 - 36　A1 轴正方向运动示例图

A2 轴正方向移动如图 5 - 37、图 5 - 38 所示。

图 5 - 37　A2 轴标注

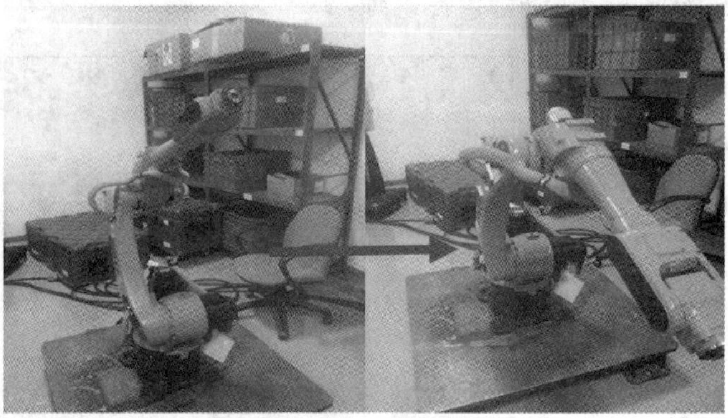

图 5 - 38　A2 轴正方向运动示例图

A3 轴正方向移动如图 5 - 39、图 5 - 40 所示。

图 5 - 39　A3 轴标注

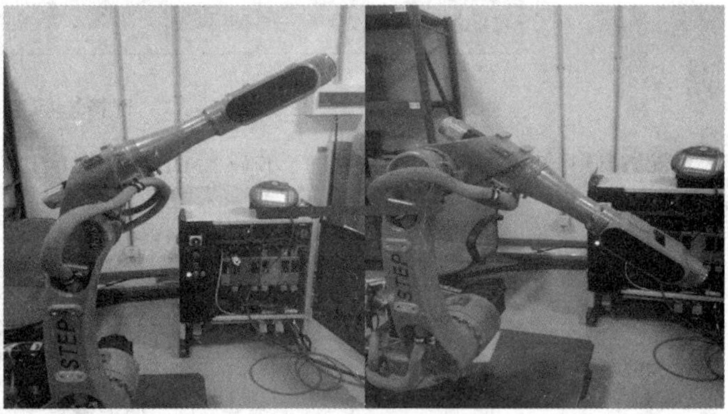

图 5 - 40　A3 轴正方向运动示例图

A4 轴正方向移动如图 5 - 41、图 5 - 42 所示。

图 5 - 41　A4 轴标注

图 5 - 42　A4 轴正方向运动示例图

A5 轴正方向移动如图 5 - 43、图 5 - 44 所示。

图 5-43　A5 轴标注

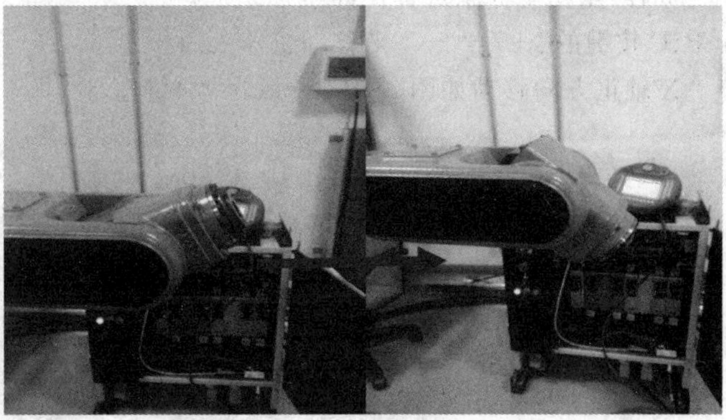

图 5-44　A5 轴正方向运动示例图

A6 轴正方向移动如图 5-45、图 5-46 所示。

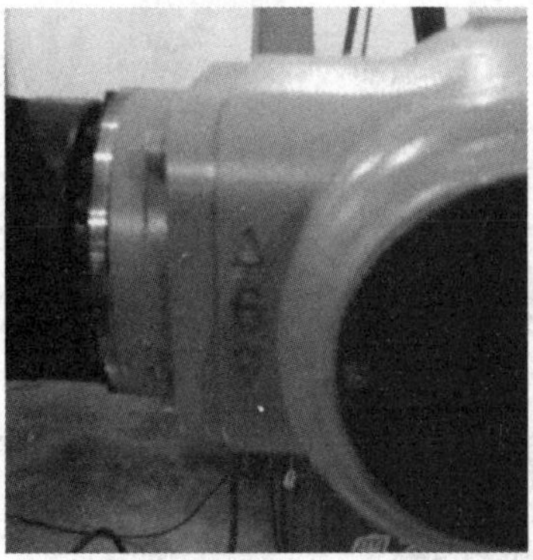

图 5-45　A6 轴标注

图 5-46　A6 轴正方向运动示例图

机器人在关节坐标系运动后，想要在世界坐标系下移动，具体操作可单击示教器上的点动键切换坐标系，或单击位置按键后在点动坐标系下选择世界坐标系。世界坐标系下各轴示意图如图 5-47 所示。

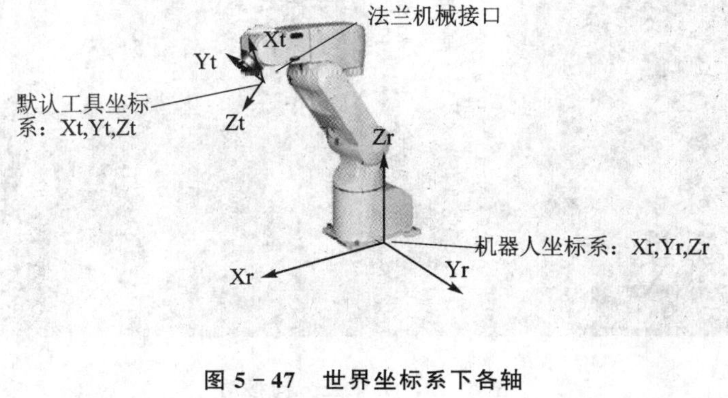

图 5-47　世界坐标系下各轴

同样，点动坐标系选择世界坐标系后，按下使能，依次点动示教器控制面板上的X、Y、Z、A、B、C按键的"+"、"-"来移动机器人。

X轴正方向移动如图5-48所示。

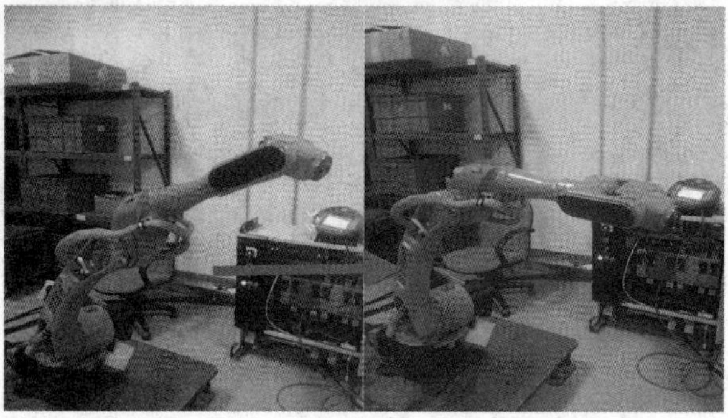

图5-48　X轴正方向运动示例图

Y轴正方向移动如图5-49所示。

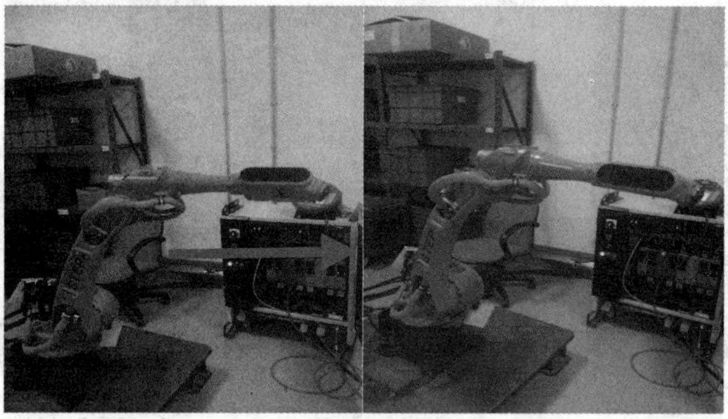

图5-49　Y轴正方向移动

Z轴正方向移动如图5-50所示。

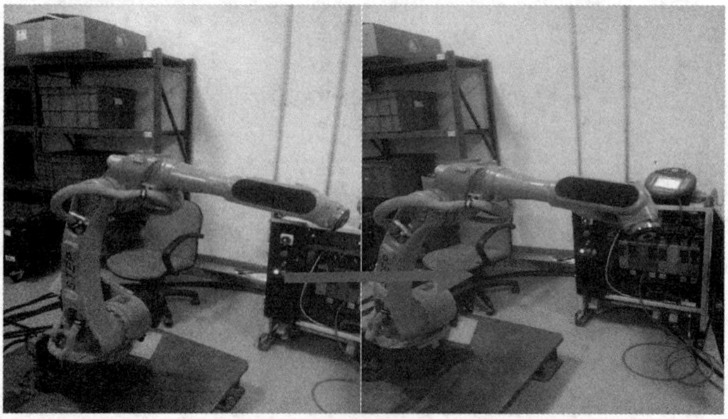

图5-50　Z轴正方向移动

A轴正方向移动(A为绕世界坐标系X轴的转动)如图5-51所示。

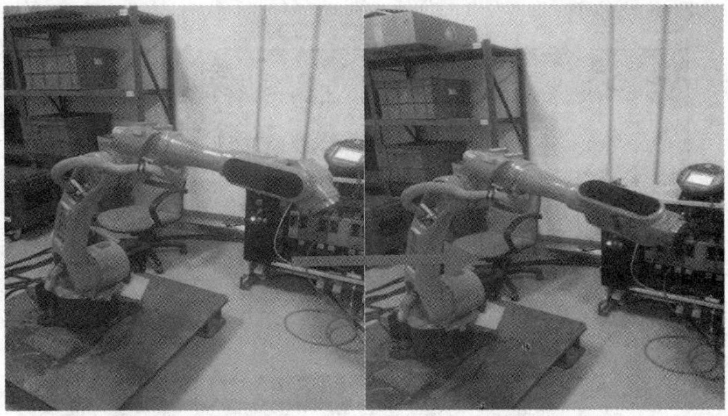

图 5-51　绕 X 轴正方向旋转

B 轴正方向移动(B 为绕世界坐标系 Y 轴的转动)如图 5-52 所示。

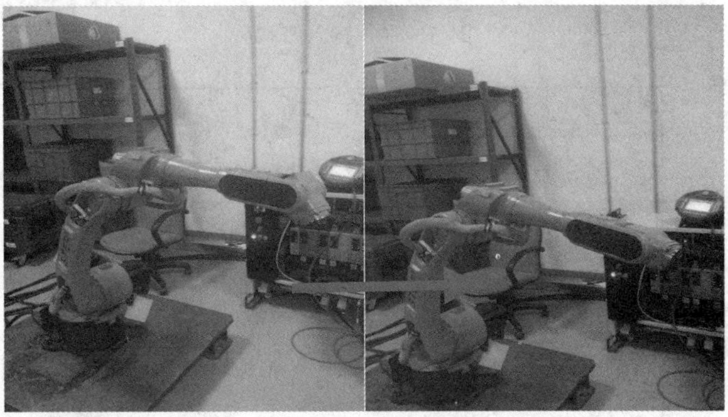

图 5-52　绕 Y 轴正方向旋转

C 轴正方向移动(C 为绕世界坐标系 Z 轴的转动)如图 5-53 所示。

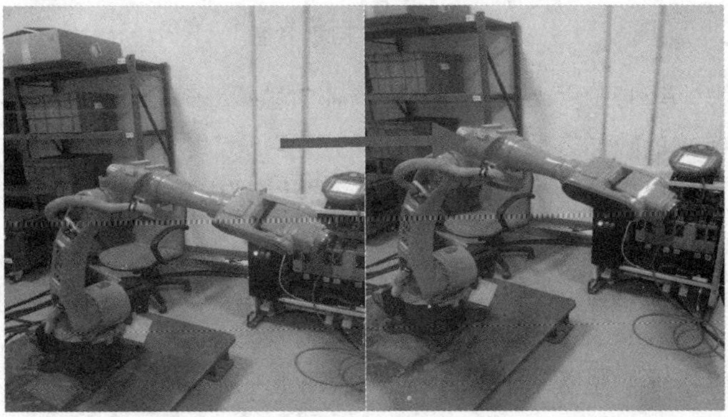

图 5-53　绕 Z 轴正方向旋转

2. 机器人的回零操作

在示教器的界面上点击下侧“回零”按钮进入回零界面后，会弹出输入密码的界面，如图 5-54 所示。回零默认登录密码为 123。输入密码就可以进入到回零界面，如图 5-55

所示。

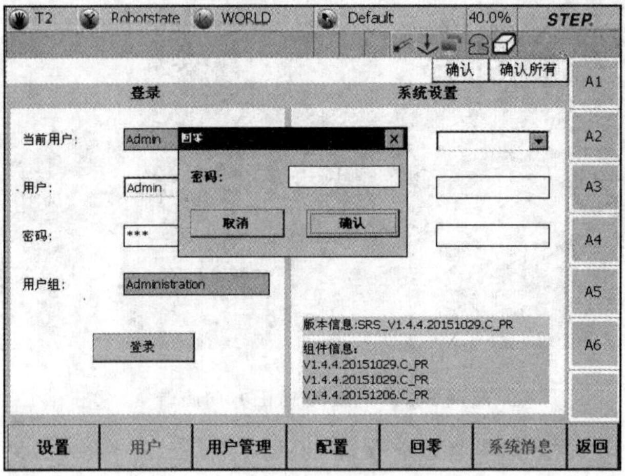

图 5-54　输入密码

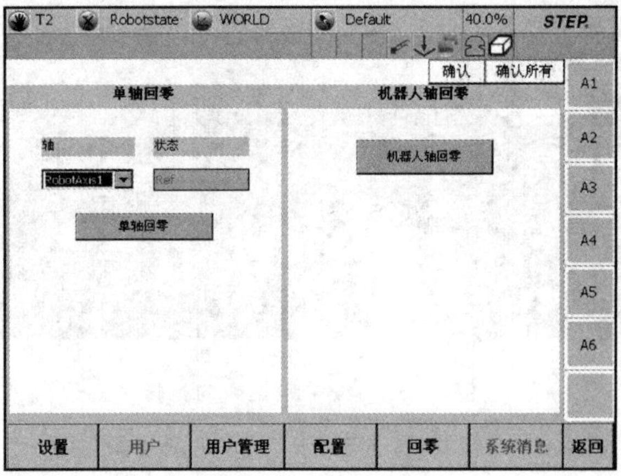

图 5-55　回零界面

回零界面左侧为“单轴回零”界面，即为每个轴单独设置零点，结果是将选定的单个轴的位置设置为该轴的零点。单轴回零支持对附加轴的回零。点开轴的下拉菜单可以看到机器人的每个轴和附加轴，如图 5-56 所示。单个轴后侧的“状态”中，显示 NRef 表示未回零，显示 Ref 表示已经回零。

在执行回零前，要将相应需要回零的轴运动到机械零点处，回零时需要在机器人使能状态，回零结束后断开使能，检查轴回零状态。检查对应轴的状态变为 Ref，即表示回零成功。进入位置界面检查回零轴的位置，验证回零结果，图 5-57 所示为对 A3 轴进行回零，弹出确认回零界面。

如图 5-58 所示，A3 轴的状态变为 Ref，表示回零完成，在位置界面检查回零轴的位置，如图 5-59 所示，A3 轴的数值为 0，回零成功。

机器人本体轴同时回零是将各个轴移动到期望的零点位置，点击“机器人轴回零”进行本体轴同时回零。进行回零时需要上使能，回零结束后，需要关闭使能检查各个轴的状态和位

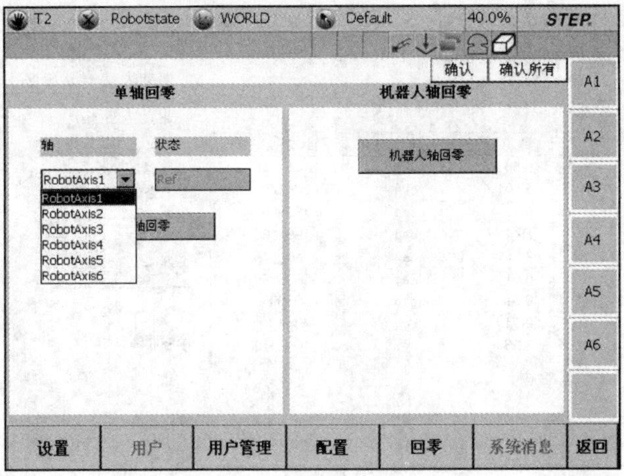

图 5-56　单轴回零界面

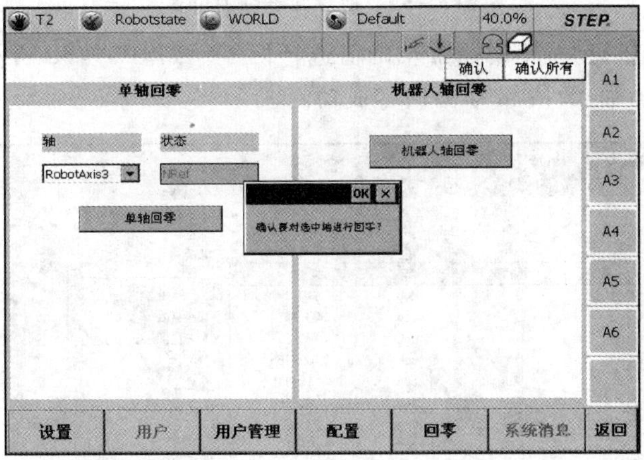

图 5-57　回零确认

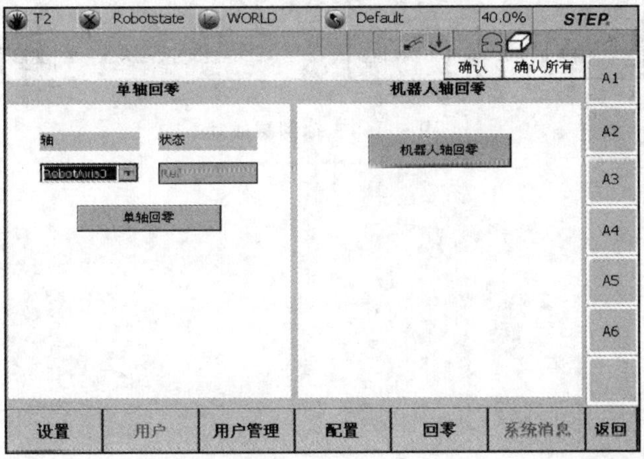

图 5-58　回零完成

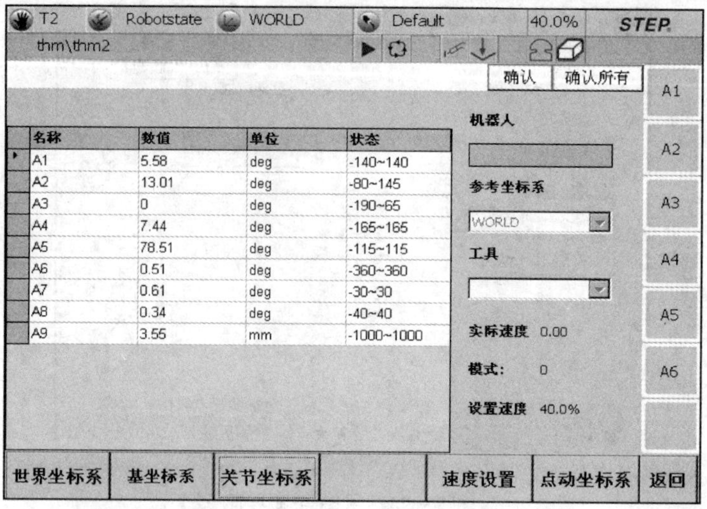

图 5-59 检查回零轴的位置

置。回零时可带附加轴，但是不对附加轴的值进行回零。如图 5-60 所示，机器人轴回零后，所有的轴（不包括附加轴）数值都为 0，回零成功。

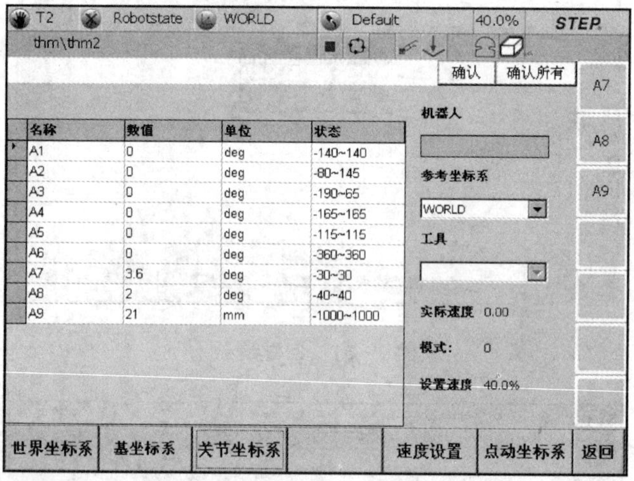

图 5-60 轴回零成功

项目六　工业机器人故障排除

任务一　示教器常见错误信息提示及处理方法

示教器常见错误信息提示及处理方法

【知识学习】

按下示教器左侧信息按键，可以查看机器人当前发生故障的错误报警信息，如图 6－1 所示。信息数据显示的是信息发生时间、信息 ID 号、信息描述和信息来源。选中一条信息，信息描述完整的显示在界面下侧控件中。

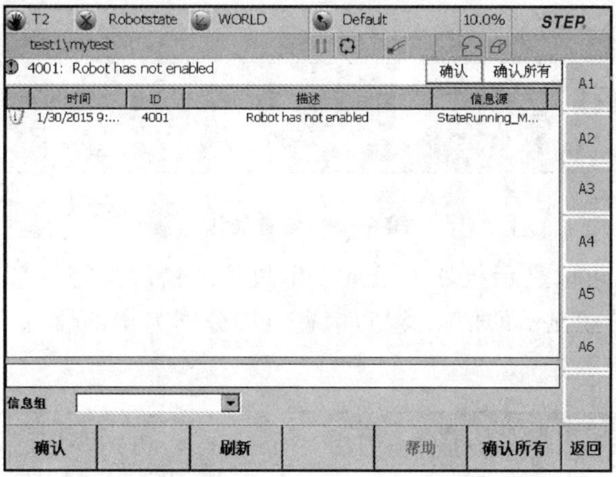

图 6－1　当前发生故障的错误报警信息界面

通过界面下侧的“信息组”下拉框选择希望显示的信息类型，其中 Allmessages、Errors、Warnings、Info 对应信息类型分别为：全部信息、错误信息、报警信息、普通信息，如图 6－2 所示。

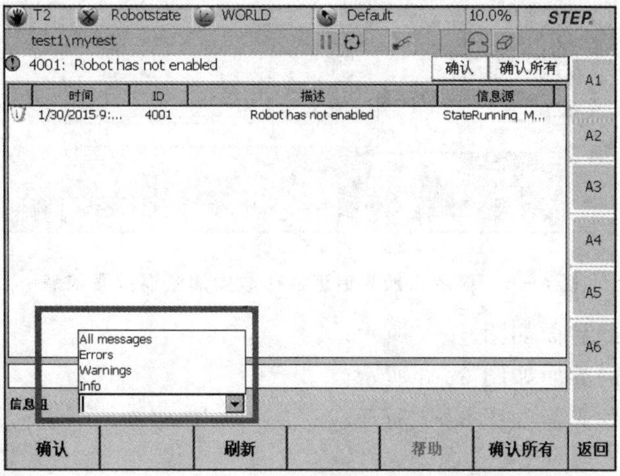

图 6－2　选择希望显示的信息类型

当需要对信息进行确认时分为单个确认和整体确认。

① 单个确认：首先选中一条希望确认的信息，然后点击“确认”按钮完成单条信息确认，此时该条信息在界面中消失。

② 整体确认：单击“确认所有”按钮完成所有信息确认，此时界面中所有信息都消失，如图 6-3 所示。

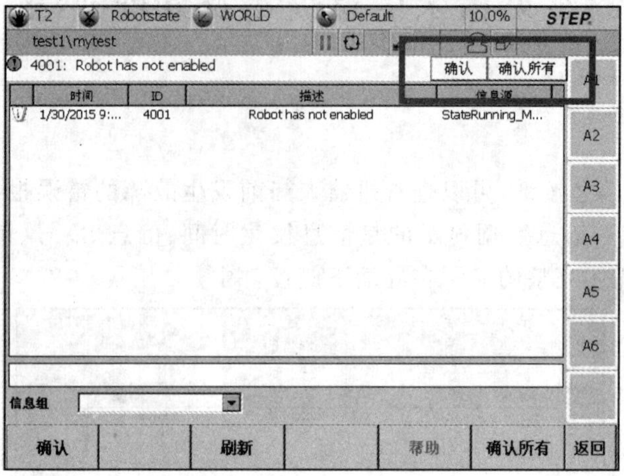

图 6-3 信息确认

单击“日志”按钮，可以显示机器人最近发生故障的错误报警信息，同样通过界面下侧的“信息组”下拉框选择希望显示的信息类型，信息类型分别为全部信息、错误信息、报警信息和普通信息，如图 6-4 所示。

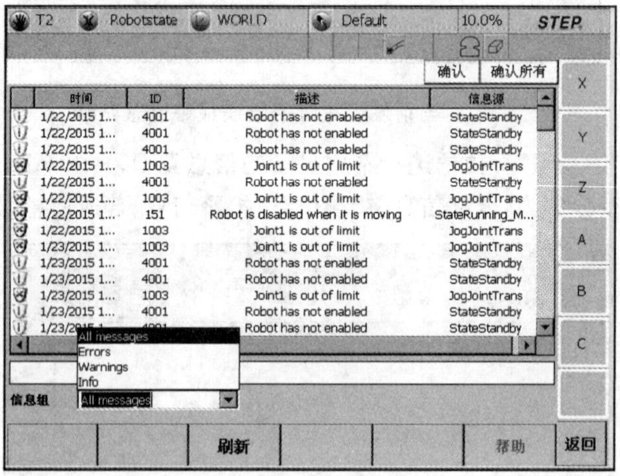

图 6-4 显示机器人最近发生故障的错误报警信息

选择错误信息后的界面如图 6-5 所示。

选择报警信息后的界面如图 6-6 所示。

选择普通信息后的界面如图 6-7 所示。

图 6-5　选择错误信息

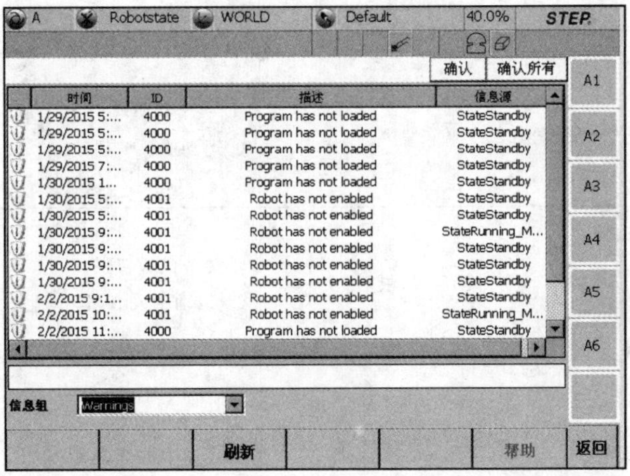

图 6-6　选择报警信息

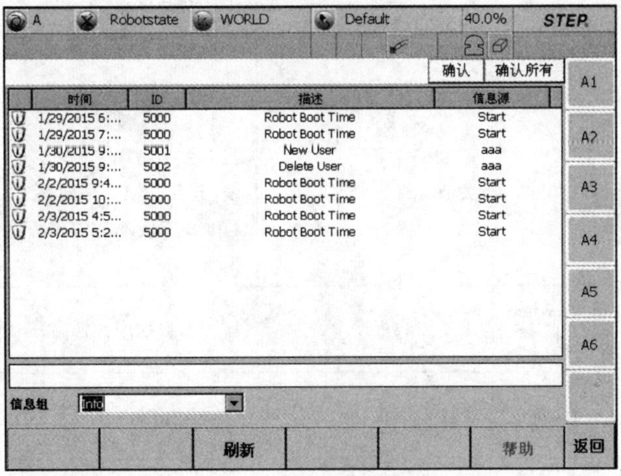

图 6-7　选择普通信息

【任务实施】

新时达机器人示教器常见的错误信息如表 6－1 所列。

表 6－1　示教器常见错误信息提示

ID	英文描述	中文解释	出错原因	处理方法
151	Robot is disabled when it is moving	机器人运动过程中使能断掉	运动过程中使能断掉了，一般出现在手动模式下	上使能继续运动
1003	Joint 1 is out of limit	关节 1 超限	① 关节位置超限； ②运动中关节超速	① 点动关节 1 回到未超限状态； ② 降低路径速度或者去除圆滑
1004	Joint 2 is out oflimit	关节 2 超限	① 关节位置超限； ② 运动中关节超速	① 点动关节 2 回到未超限状态； ②降低路径速度或者去除圆滑
1005	Joint 3 is out of limit	关节 3 超限	① 关节位置超限； ②运动中关节超速	①点动关节 3 回到未超限状态； ②降低路径速度或者去除圆滑
1006	Joint 4 is out of limit	关节 4 超限	①关节位置超限； ② 运动中关节超速	①点动关节 4 回到未超限状态； ② 降低路径速度或者去除圆滑
1007	Joint 5 is out of limit	关节 5 超限	① 关节位置超限； ②运动中关节超速	① 点动关节 5 回到未超限状态； ②降低路径速度或者去除圆滑
1008	Joint 6 is out of limit	关节 6 超限	①关节位置超限； ②运动中关节超速	①点动关节 6 回到未超限状态； ②降低路径速度或者去除圆滑
1011	Joint5 is singular	关节 5 奇异	关节 5 在 0 度附近时，机器人关节 4 和关节 6 共线，其解不唯一导致关节 4 和 6 无法准确求解，故报错	①点动关节 5 回到未奇异状态； ②降低路径速度或者去除圆滑
3510	Load program when loading state	重复加载程序	重复加载程序	先卸载当前程序，再加载新程序
4000	Program has not loaded	程序未加载	启动程序时未加载程序	加载程序

续表 6－1

ID	英文描述	中文解释	出错原因	处理方法
4001	Robot has not enabled	未上使能	机器人没有上使能	给机器人上使能
150	Error change operation mode when robot moving	机器人运动过程中不能切换模式	运动过程中切换操作模式	运动中不能进行模式切换

任务二　电气系统常见故障排除

电气系统
常见故障排除

【任务描述】

了解工业机器人电气控制系统常见的故障和排除方法。

【知识学习】

新时达工业机器人的电气控制系统常见的故障和排除方法如表 6－2 所列。

表 6－2　常见故障

后果及现象	可能故障	排除方法
开机不能听到接触器吸合的声音，主电源不能接通，伺服电源指示灯不亮	门禁开关未闭合	将门禁开关临时短接或者关门调试
	接触器可能损坏	更换接触器
控制器电源指示灯不亮，接触器不吸合，风扇不转、伺服数码管无显示	开关电源损坏无 24V 输出	更换开关电源
示教器显示报警，检测伺服处于错误状态	数码管显示当前报警代码	根据具体故障代码排除
示教器无法登陆	示教器没有注册码	重新注册示教器
机器人不能上使能	手动模式，只能使用三位开关	确认运行模式是否正确
	安全回路断开	确认安全回路是否断开
打开隔离开关后，控制柜无反 应。	① 隔离开关进出线虚接； ② 柜内断路器处于 OFF 态； ③ 滤波器损坏	逐段测量电压，排查线路
① 开机不能听到接触器吸合的声音； ② 伺服及控制器正常启动，通讯正常； ③ 主电源不能接通，伺服电源指示灯不亮	① 门禁开关未闭合； ② 逻辑 IO 板损坏，无输出信号； ③ Codesys 工程异常； ④ 接触器可能损坏	① 检查门禁； ② 更换逻辑 IO 板； ③ 检查 Codesys 工程； ④ 更换接触器
开机后，柜内无控制电 24V	① 断路器 QF1、QF2 未打开； ② 开关电源损坏； ③ 控制回路断路	① 检查 QF1、QF2； ② 检测开关电源输出； ③ 断电后逐级测量控制回路线缆

续表 6-2

后果及现象	可能故障	排除方法
控制电压 24V 正常，但风扇不运行	① 逻辑 IO 板上的风扇电源线正负接反； ② 风扇损坏	① 检查逻辑 IO 板的风扇电源端子 CN8； ② 检查风扇
控制柜开机后，逻辑 IO 板短路，烧坏	逻辑 IO 板 24V 对地短路	检查逻辑 IO 板供电端 CN1，确认是否短路
① 控制器电源指示灯不亮； ② 接触器不吸合； ③ 风扇不转； ④ 伺服数码管无显示	开关电源损坏，无 24V 输出	更换开关电源
控制柜开机后，开关电源过载	外接 IO 信号过多	为 IO 通信端口，提供额外的 24V 开关电源

机器人伺服驱动器发生故障时，伺服面板上红色 ALM LED 将被点亮，数码管闪烁显示伺服最新发生的故障代码，连接示教器后，在示教器上方将显示基于 CiA402 标准的故障代码。故障检查界面中会显示出所有发生的报警信息，对应的故障类型如表 6-3 所列。

表 6-3 机器人伺服故障类型

伺服故障代码	CiA402 故障代码	故障定义
C.0	2230h	母线过流
C.1	2320h	硬件过流
C.2	2250h	软件过流
C.3	2340h	输出过流
C.4	2220h	连续过流
C.A	7580h	Powerlink 通讯故障
C.B	7581h	EtherCAT 通讯故障
C.C	7590h	PowerLink 板卡错误
C.D	7591h	EtherCAT 板卡错误
U.0	8480h	同向超速
U.1	8481h	反向超速
U.2	8482h	超过最大转速
U.3	8483h	速度跟踪误差过大
U.4	8484h	加速度超差
U.5	8485h	电机失速
E.0	7380h	编码器连接错误
E.1	7381h	编码器电池欠压

续表 6-3

伺服故障代码	CiA402 故障代码	故障定义
E. 2	7382h	编码器电池断开
E. 3	7383h	编码器多圈信息错误
E. 4	7384h	编码器过热
E. 5	7385h	编码器计数错误
E. 6	7386h	上电时编码器超速
E. 7	7387h	编码器超速
E. 8	7388h	编码器 EEPROM 错误
E. 9	7389h	海德汉编码器内部故障
E. A	738Ah	海德汉编码器过压
E. B	738Bh	海德汉编码器欠压
E. C	738Ch	海德汉编码器过流
E. D	738Dh	海德汉编码器频率冲突
E. E	738Eh	海德汉编码器光源报警
E. F	738Fh	海德汉编码器诊断报警
P. 0	8611h	位置偏差过大
S. 0	3220h	伺服欠压
S. 1	3210h	伺服过压
S. 2	4310h	伺服过温
S. 3	2380h	模块过载(I2T)
S. 4	2350h	伺服过功率
S. 5	3134h	相序错误
S. 6	3130h	输出缺相
S. 7	5441h	内部连接错误
S. 8	FF00h	内部错误 1
S. 9	7112h	制动电阻过载
S. A	5210h	PowerID 错误
S. C	3130h	内部错误 2
L. 0	FF01h	电机过载(I2T)
L. 1	2381h	电机过温
L. 2	4210h	电机抱闸故障

当机器人的伺服报警时，可以参考表 6-4 所列的内容对伺服进行检查，并按照对应策略解决伺服故障。

表 6-4　故障查询和解决方案

故障定义	可能原因	对　策
母线过流	直流母线电压过高	① 检查电网电压是否过高； ② 检查是否大惯性负载无能耗制动快速停机
	外围有短路现象	检查伺服动力输出接线是否短路，对地是否短路，制动电阻是否短路
	编码器故障	① 检查编码器是否损坏，接线是否正确； ② 检查编码器线缆屏蔽层是否接地良好，线缆附近是否有强干扰源
	伺服内部器件损坏	请专业技术人员进行维护
硬件过流	直流母线电压过高	① 检查电网电压是否过高； ② 检查是否大惯性负载无能耗制动快速停机
	外围有短路现象	检查伺服动力输出接线是否短路，对地是否短路
	编码器故障	① 检查编码器是否损坏，接线是否正确； ② 检查编码器线缆屏蔽层是否接地良好，线缆附近是否有强干扰源
	伺服内部器件损坏	请专业技术人员进行维护
软件过流	直流母线电压过高	① 检查电网电压是否过高； ② 检查是否大惯性负载无能耗制动快速停机
	外围有短路现象	检查伺服动力输出接线是否短路，对地是否短路
	编码器故障	① 检查编码器是否损坏，接线是否正确； ② 检查编码器线缆屏蔽层是否接地良好，线缆附近是否有强干扰源
输出过流	直流母线电压过高	① 检查电网电压是否过高； ② 检查是否大惯性负载无能耗制动快速停机
	外围有短路现象	检查伺服动力输出接线是否短路，对地是否短路
	编码器故障	① 检查编码器是否损坏，接线是否正确； ② 检查编码器线缆屏蔽层是否接地良好，线缆附近是否有强干扰源
	伺服内部器件损坏	请专业技术人员进行维护
连续过流	外围有短路现象	检查伺服动力输出接线是否短路，对地是否短路
	伺服内部器件损坏	请专业技术人员进行维护
PowerLink 通讯故障	控制器异常	检查控制器
	通信设置有误	检查 PowerLink 通信设置
	通信线缆接触不良或者断开	检查通信线缆是否可靠连接
	通信线缆未接地或者接地不良	使用带屏蔽的通信线缆，屏蔽层良好接地

续表 6-4

故障定义	可能原因	对　策
EtherCAT 通讯故障	控制器异常	检查控制器
	通信线缆接触不良或者断开	检查通信线缆是否可靠连接
	通信线缆未接地或者接地不良	使用带屏蔽的通信线缆，屏蔽层良好接地
PowerLink 板卡错误	通信设置有误	检查 PowerLink 通信设置
	PowerLink 板卡损坏	更换 PowerLink 板卡
	伺服内部器件损坏	请专业技术人员进行维护
EtherCAT 板卡错误	通信设置有误	确认伺服是否使用 EtherCAT 板卡
	EtherCAT 板卡损坏	更换 EtherCAT 板卡
	面板 K1、K2 被同时按下	检查伺服面板上按键 K1、K2 是否被同时按下
	伺服内部器件损坏	请专业技术人员进行维护
同向超速	电机飞车	检查电机动力线缆相序是否正确
	编码器参数有误	检查编码器参数设置
	编码器故障	① 检查编码器是否损坏，接线是否正确； ② 检查编码器线缆屏蔽层是否接地良好，线缆附近是否有强干扰源
	正向负载过大	检查所选电机功率是否满足负载要求
	参数设置不当	检查参数 P51.11 超速滤波时间设置是否恰当
反向超速	电机飞车	检查电机动力线缆相序是否正确
	编码器参数有误	检查编码器参数设置
	编码器故障	① 检查编码器是否损坏，接线是否正确； ② 检查编码器线缆屏蔽层是否接地良好，线缆附近是否有强干扰源
	反向负载过大	检查所选电机功率是否满足负载要求
	参数设置不当	检查参数 P51.11 超速滤波时间设置是否恰当
超过最大转速	编码器参数有误	检查编码器参数设置
	编码器故障	① 检查编码器是否损坏，接线是否正确； ② 检查编码器线缆屏蔽层是否接地良好，线缆附近是否有强干扰源
	电机飞车	检查电机动力线缆相序是否正确
	指令给定错误	检查位置/速度/转矩指令给定
	负载突变	检查外界负载突变原因
速度跟踪误差过大	加速度过大	检查指令给定的加速度是否超过负载的响应
	参数设置不当	适当增大参数 P51.00 ASR Kp
		检查参数 P51.06 速度跟踪误差阈值和 P51.07 跟踪误差滤波时间设置是否恰当
	负载过大	检查所选电机功率是否满足负载要求
	输出缺相	参照 S.6 输出缺相故障的策略处理

续表 6－4

故障定义	可能原因	对　策
加速度超差	加速度过大	检查指令给定的加速度是否过大
	编码器故障	① 检查编码器是否损坏，接线是否正确； ② 检查编码器线缆屏蔽层是否接地良好，线缆附近是否有强干扰源
	编码器接口短路	检查编码器接口处未连接的管脚(例如电池)是否对地短路或受到干扰
电机失速	电机动力线缆故障	按操作规程检查伺服输出侧接线情况，排除漏接、断线、相序接反
	电机堵转	检查电机是否负载过大或电机被卡住
	伺服内部器件损坏	请专业技术人员进行维护
编码器连接错误	编码器参数有误	检查编码器参数设置
	编码器线缆故障	检查编码器线缆线序是否正确
	编码器线缆未连接	连接编码器线缆
	伺服内部器件损坏	请专业技术人员进行维护
编码器电池欠压	编码器电池电压过低	更换电池
	伺服驱动器内部错误	请专业技术人员进行维护
编码器电池断开	编码器电池电压不正常	① 检查编码器电池与电池座是否接触良好； ② 更换电池
编码器多圈信息错误	编码器内部错误	伺服断电重启，如故障无法清除需更换编码器
编码器过热	编码器温度过高	改善编码器散热条件或者降低环境温度
编码器计数错误	编码器内部错误	伺服断电重启，如故障无法清除需更换编码器
上电时编码器超速	伺服通电前电机转速过高	伺服通电前降低转速或保持电机静止
编码器超速	电机飞车	检查电机动力线缆相序是否正确
	指令给定错误	检查位置/速度/转矩指令给定
	负载突变	检查外界负载突变原因
	编码器内部错误	伺服断电重启，如故障无法清除需更换编码器
编码器 EEPROM 错误	编码器内部错误	伺服断电重启，如故障无法清除需更换编码器
海德汉编码器内部故障	编码器内部错误	伺服断电重启，如故障无法清除需更换编码器
海德汉编码器过压	编码器内部错误	伺服断电重启，如故障无法清除需更换编码器
海德汉编码器欠压	编码器内部错误	伺服断电重启，如故障无法清除需更换编码器
海德汉编码器过流	编码器内部错误	伺服断电重启，如故障无法清除需更换编码器
海德汉编码器频率冲突	编码器内部错误	伺服断电重启，如故障无法清除需更换编码器
海德汉编码器光源报警	编码器内部错误	伺服断电重启，如故障无法清除需更换编码器
海德汉编码器诊断报警	编码器内部错误	伺服断电重启，如故障无法清除需更换编码器

续表 6－4

故障定义	可能原因	对 策
位置偏差过大	加速度过大	检查指令给定的加速度是否超过负载的响应
	参数设置不当	适当增大参数 P52.00 APR Kp 和参数 P52.01 APR Kpre
		检查参数 P52.02 位置跟踪误差阈值设置是否恰当
	负载过大	检查所选电机功率是否满足负载要求
伺服欠压	电源电压低于设备最低工作电压	检查输入电源
	瞬时停电	检查输入电源，待输入电压正常，复位后重新启动
	电源电压波动过大	
	电源的接线端子松动	检查输入接线
	在同一电源系统中存在大启动电流的负载	改善电源系统使其符合规格值
伺服过压	电源电压高于设备最高工作电压	检查输入电源
	电源电压波动过大	检查输入电源，待输入电压正常，复位后重新启动
	未接制动电阻或制动电阻阻值过大	使用合适的制动电阻
伺服过温	环境温度过高	降低环境温度，加强通风散热
	散热系统异常	① 检查散热风扇转速和风量是否正常，如异常需要更换同型号风扇； ② 检查伺服散热通道是否被异物阻塞
	温度检测电路故障	请专业技术人员进行维护
模块过载(I2T)	功率模块过载	更换更大功率的伺服
	电机动力线缆故障	按操作规程检查伺服输出侧接线情况，排除漏接、断线、相序接反
	电机堵转	检查电机是否负载过大或电机被卡住
伺服过载	伺服输出超过额定功率	更换更大功率的伺服
	电机动力线缆故障	按操作规程检查伺服输出侧接线情况，排除漏接、断线、相序接反
	电机堵转	检查电机是否负载过大或电机被卡住
相序错误	电机动力线缆故障	① 动力线缆相序错误，在 U/V/W 三根线缆中任意调换两根线缆顺序； ② 检查动力线缆是否可靠连接
	电机参数有误	检查电机参数设置
	电机抱闸故障	检查抱闸机构和抱闸电源
	编码器接线错误	在多台同型号伺服并列使用的场合，检查编码器线缆是否对应连接

续表 6-4

故障定义	可能原因	对　策
输出缺相	伺服输出侧接线异常，漏接或存在断线	按操作规程检查伺服输出侧接线情况，排除漏接、断线
	输出端子松动	
	三相输出不平衡	检查电机绕组是否完好，三相绕组阻值是否平衡
内部连接错误	伺服驱动器内部错误	请专业技术人员进行维护
内部错误 1	伺服驱动器内部错误	请专业技术人员进行维护
制动电阻过载	制动电阻选配不当	按照伺服说明书中选型说明选配合适的制动电阻
	制动电阻参数设置不当	检查参数 P90.06 制动电阻阻值和 P90.07 制动电阻功率是否正确设置
PowerID 错误	检测电路故障	请专业技术人员进行维护
内部错误 2	伺服驱动器内部错误	请专业技术人员进行维护
电机过载(I2T)	电机堵转	检查负载是否被卡住或者负载过大
	电机动力线缆相序错误	检查电机动力线缆相序是否正确
电机过温	电机绕组过热	降低环境温度，加强通风散热
	电机功率与负载不匹配	检查电机功率是否满足负载要求
	电机电流偏大	对所用电机进行编码器零点校正
电机抱闸故障	抱闸欠压或欠流	检查抱闸机构和抱闸电源
	电机无抱闸	通过参数 P21.06 屏蔽抱闸故障

项目七 工业机器人维护和保养

任务一 机器人本体维护与保养

机器人本体
维护与保养

【知识学习】

对于机器人的保养，一共分为3个等级。一般建议依据所购机器人使用工况选择保养。

A级：更换油脂，波形检测，铁粉浓度检测，机器人本体线缆更换，本体及控制柜电池更换等。通过以上作业，得出数据，形成机器人体检报告书，对机器人进行故障前预判断，减少备件存储的盲目性。

B级：更换油脂，铁粉浓度检测等。该保养能延长机器人的使用寿命，同时对机器人本体减速机的磨损情况进行监控。

C级：最为初级的保养，主要以更换机器人减速机内油脂为目的，能够延长机器人减速机使用寿命。

机器人还需进行定期维护以确保其功能正常，维护活动和时间间隔见表7-1。

表7-1 机器人维护

维护活动	设 备	时间间隔	备 注
检查	机器人管线	1年	是否磨损
检查	信息标签	1年	是否破损丢失
检查	硬限位及缓冲块	1年	是否弯曲破损
检查	J5同步带及带轮	1年	带与带轮是否磨损，带预紧力是否合适
更换	润滑脂	20 000 h	
更换	编码器电池	3年或电池低电量报警	
大修	机器人	40 000 h	

定期检修应该注意：检修作业必须由接受过机器人维修保养培训的人员进行。进行检修作业之前，请对作业所需的零件、工具和图纸进行确认。更换零件请使用指定的零件。进行机器人本体的检修时，请务必先切断电源再进行作业。一边操作机器人本体一边检修时，禁止进入动作范围之内。电压测量应在指定部位进行，并充分注意防止触电和接线短路。禁止同时进行机器人本体和控制装置的检修。检修后，必须充分确认机器人动作后，再进入正常运转。

1. 新时达SA系列机器人的润滑

为了充分发挥机器人的性能，根据不同机器人选用的减速机品牌不同，润滑油腔使用VIGOGREASE RE0和壳牌佳度S5V142W00润滑脂。不要使用其他品牌润滑脂或与其他品牌的润滑脂混合使用。各型号机器人使用的润滑脂如表7-2所列。

表 7-2　润滑油脂

机器人型号	各轴润滑脂名称	备　注
SA1400	J1～J3 润滑油腔使用壳牌佳度 S5V142W00 润滑脂	J4、J5、J6 减速机免维护
SA1800	● J1～J3 润滑油腔使用壳牌佳度 S5V142W00 润滑脂； ● J4 润滑油腔使用 VIGOGREASE RE0 润滑脂	J5、J6 减速机免维护

SA1400 各轴加排油脂孔位置如图 7-1 所示；SA1800 各轴加排油脂孔位置如图 7-2 所示。

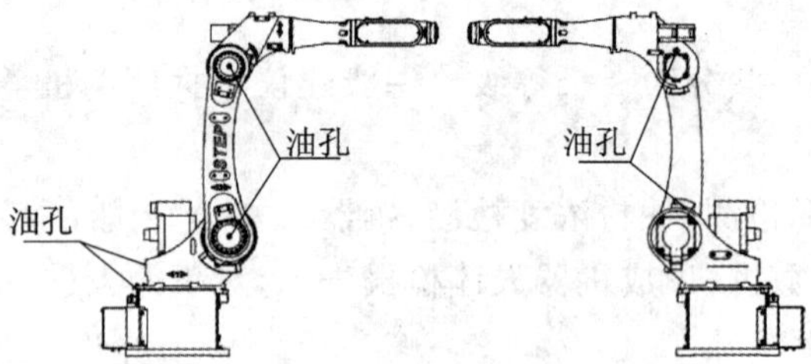

图 7-1　SA1400 各轴加排油脂孔位置

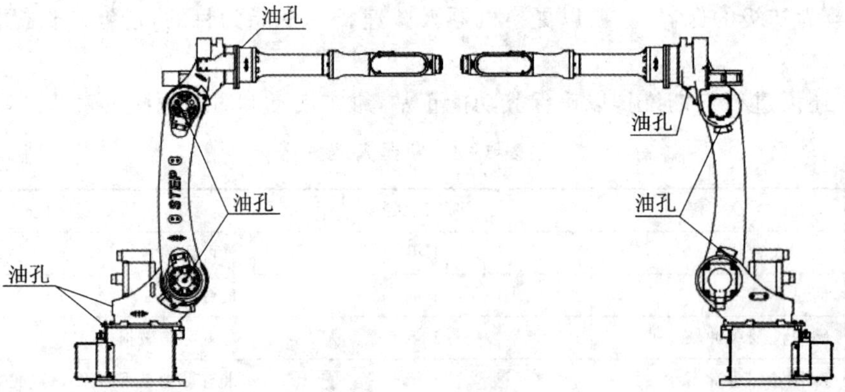

图 7-2　SA1800 各轴加排油脂孔位置

2. 新时达 SA 系列机器人的同步带

正确合理地使用同步带，不仅能够保证生产传输的顺利进行，而且还能减少装置的故障率，延长同步带的使用寿命。

SA 系列机器人腕关节传动利用到同步带。腕关节中，同步带用于 J5 电机与 J5 减速机间传动，这种同步带采用的是高精度进口品牌。

同步带使用注意事项：

① 严禁曲折，以免损伤骨架材料，影响皮带强度；

② 严禁划伤皮带，以免皮带早期损坏；

③ 避免与化学品(尤其是强氧化性酸，如浓硫酸等)接触；

④ 尽量避免与油类、水长期接触；

⑤ 由于同步带的张力会随着工作时间的延长而发生变化，操作人员需要定期地调整同步

带的张力,检查同步带及同步带轮的运行状况并及时调整或更换,排查和维护的周期推荐在1个月左右。

【任务实施】

1. 机器人本体检查项目

① 检查动力电缆与通信电缆;
② 检查各轴运动状况;
③ 检查各轴密封;
④ 检查机器人本体电池;
⑤ 检查机器人各轴电动机;
⑥ 检查机器人各轴电缆;
⑦ 机器人各轴加润滑油。

2. 清洁机器人

机器人控制系统必须保持关断状态,并做好保护,防止未经许可的意外重启。按照ESD准则工作,在清洁工作时应注意遵守清洁剂生产厂家的说明,必须防止清洁剂进入电气部件。清洁工作不要使用压缩空气。

清洁步骤:
① 用毛刷清洁冷却循环回路系统的风扇;
② 清洁换气口的滤网;
③ 用毛刷清洁控制柜内部的器件,检查其是否安装牢固;
④ 检查各个接线端子是否牢固,线路是否有松动;
⑤ 用毛刷清洁控制柜后部的变压器,制动电阻,滤波器;
⑥ 将积聚的灰尘松解并吸出;
⑦ 用浸有柔性清洁剂的抹布清洁机器人控制系统;
⑧ 用不含溶解剂的清洁剂清洁线缆、塑料部件和软管;
⑨ 更换已损坏或看不清楚的文字说明和铭牌,补充缺失的说明和铭牌。

3. 更换本体电池

① 机器人运行回零后,断开主电源;
② 打开本体底座后盖板;
③ 找到电池安装板;
④ 拔出连接到电池上的电线;
⑤ 更换新的电池;
⑥ 重新固定底座后盖板;
⑦ 机器人执行回零操作。

4. SA系列机器人的润滑和同步带更换

(1) 油脂更换

① 机器人在出厂时各轴均已注入润滑脂,更换时使用注油枪填充润滑脂。
② 根据润滑脂老化情况,自出厂之日起,累计满20 000 h请更换机器人润滑脂。但是当

使用时减速机表面温度达到 40℃以上时，请确认润滑脂的老化、受污染情况，并缩短润滑脂的更换周期。

③ 加脂量应达到部件油腔的 90%左右，具体情况可以咨询机器人售后服务人员。

(2) 同步带更换

① 更换同步带必须提前通知公司技术人员。

② 选购同步带时，选择表面整洁、皮带没有扭曲变形、带齿饱满的同步带。

③ 更换同步带时，必须使皮带的张力降到最低，才能取出，严禁同步带在有高张力的情况下，利用非专业的工具硬性撬下来。

④ 安装同步带时，如果两带轮的中心距可以移动，必须先将带轮的中心距缩短，装好同步带后，再使中心距复位。若有张紧轮时，先把张紧轮放松，然后装上同步带，再装上张紧轮。

⑤ 在安装的时候就应该先调整好预张紧力。如果预张紧力不够大，就会使同步带的传动能力大大降低，而且带轮也会随之急剧升温发热，磨损配件。反过来，如果预张紧力过大的话，则会使同步带的使用寿命降低。所以，适当合理的预张紧力是保证同步正常工作的前提。

⑥ 同步带更换后，必须由专业技术人员将机器人回零处理，然后可正常使用机器人，否则机器人零点会丢失，可能发生危险。

任务二　控制系统的维修与保养

控制系统的维修与保养

【知识学习】

新时达控制柜 SRC2 中使用的元器件种类众多，对于其中的一些关键器件，建议适时采购作为备件使用，以方便日后的维护。具体的标准备件和特定备件见表 7-3、表 7-4。

表 7-3　标准备件表

备件号码	备件名称	型　号	推荐厂家	配备数量
1	接触器	LC1D18BDC/DC24V/18A	施耐德	1
2	冷却风扇单元	风扇 R1238X24BPLB2	PELKO	1
3	内存卡	CFast 卡/1GB/	研华	1
4	机器人上电指示灯	按钮/ZB2-BW34C 带灯按钮基座/ZB2-BWB41C/红色/	施耐德	1
5	本体电池	电池/LS14500/3.6V-2600mA/SAFT	帅福特	6
6	门禁开关	SND4111-SP-C	三实	1
7	通信网线	总线连接线/TRD855DSZ-1M/1.0M/	L-COM	1
8	电源预制线	预制线/电源出线/4*4/2m/工业插头/柜内/	熙多	1
9	动力总线	预制线/电源总线 /9*1.5+21*0.75+1E*1.5/5m/SA/	熙多	1
10	编码器总线	预制线/编码器总线/6*3P*0.2/5m/SA/	熙多	1

表 7-4　特定备件表

备件号码	备件名称	型　号	推荐厂家	配备数量
1	开关电源	电源/开关电源/PRO ECO 240W 220v/24V 10A	魏德米勒	1
2	伺服驱动器	4/2. 2A 单轴驱动器/多摩川 E/M3S4A2. 02P2ME1. N2NFBSW	新时达	1
3	伺服驱动器	4/6. 8A 单轴驱动器/多摩川 E/M3S4A3. 06P8ME1. N2NFBSW	新时达	1
4	伺服驱动器	4/12A 单轴驱动器/多摩川 E/M3S4A4. 0012ME1. N2NFBSW	新时达	1
5	控制器	SRM1000 机器人控制器/SRM1000-0000	新时达	1
6	示教器	SRPT1000 机器人示教器/SRPT1000/STEP	新时达	1
7	滤波器	16A 通用滤波器 AF500-4T-016	新时达	1
8	安全逻辑板	PROD1431AV3;SRE1030;机器人模块化 I/O 板	新时达	1
9	IO 通信模块	PROD1532V1;SRE1056;EtherCAT 总线通用 I/O 板	新时达	1
10	变压器	变压器/SG-3KVA/380V/220V/3KVA/	科晟隆	1

为了使机器人控制系统处于稳定的工作状态，必须定期对控制系统进行维修保养，主要保养的器件和定期保养的时间如表 7-5 所列。保养的间隔时间应根据不同的工作环境最终确定，当工作环境干净时可适当延长保养周期，当工作环境恶劣时要缩短保养周期。

表 7-5　保养清单

序　号	设　备	保养方式	保养周期
1	控制柜下部进气口的滤网	清洁	12 个月
2	控制柜背面出风口的滤网	清洁	12 个月
3	冷却循环系统的风扇	清洁	24 个月
4	变压器、制动电阻、滤波器、控制器、伺服等	清洁	12 个月
5	机器人本体的电池	更换	48 个月
6	接线	检查	12 个月
7	示教器	清洁	根据需要

进行控制系统的检修时应注意：打开控制装置的门时，请务必切断一次电源，并充分注意不要让周围的灰尘进入；手触摸控制装置内的零件时，须将油污等擦干净后再进行，尤其是要触摸印刷基板和连接器等部位时，应充分注意避免静电放电等损坏 IC 零件；更换零件时，请先切断一次电源，5 分钟后再进行作业（切断一次电源后的 5 min 内，请勿打开控制装置的门）；此外，禁止用潮湿的手进行作业。

更换作业必须由接受过相应公司机器人维修保养培训的人员进行。控制柜中各板子上的连接有多个接口，应小心谨慎地进行接口的安装及拆卸作业。更换时，请勿损坏连线。此外，请勿触摸板子上的电子零件及线路、接口的触点部分，抓住板子的周围部分进行操作。

【任务实施】

1. 机器人控制柜检查项目

① 检测控制柜温度；

② 价差主板、存储版、计算板以及驱动板；

③ 检查程序存储电池；

④ 检查变压器以及保险丝；

⑤ 检查机器人三相电源；

⑥ 检查 I/O 板以及保险丝；

⑦ 检查电扇及空调。

2. 清洁控制柜

① 关断控制柜 SRC2 的旋转开关，切断机器人控制系统的总电源；

② 清理控制柜内器件时，一定要遵守 ESD 准则工作，需带防静电手环或相似器件。控制柜内的电气器件对静电十分敏感，有可能会损坏电气器件；

③ 清洁控制柜内器件时，只可使用吸尘器，不得使用压缩空气，放置灰尘进入电气器件内。

(1) 冷却循环系统的清洁

① 检查控制柜的密封条和线缆进线口的密封，确保灰尘和水汽不能渗透到控制柜内；

② 检查控制柜的接插件和线缆，确保连接可靠无破损；

③ 拆下控制柜下部进气口的滤网，使用毛刷清洁滤网，清理完毕后装回原处；

④ 打开控制柜背面板，拆下控制柜背面出风口的滤网，使用毛刷清洁滤网，清理完毕后装回原处；

⑤ 检查冷却循环系统的风扇，如需清理风扇，则使用吸尘器清洁风扇，注意不得使用压缩空气；

⑥ 上述步骤完成后，装好控制柜，打开旋转开关，检查风扇是否工作正常，无误后，关闭旋转开关，完成控制柜冷却循环系统的清洁。

(2)控制柜内的清洁

请按照以下步骤清洁控制柜内的电气器件：

① 控制柜内清洁时，需佩戴放静电手环或相似器件；

② 按照从上到下，先正面后背面的顺序依次清洁控制柜内的电气器件；

③ 控制柜内只可使用吸尘器进行清洁，不得使用压缩空气；

④ 清洁电气器件时，要注意连接线缆，不得扯断或拉松电线；

⑤ 更换已损坏或看不清楚的文字说明和铭牌，补充缺失的说明和铭牌。

(3) 示教器的清洁

① 清洁前，一定要关闭示教器；

② 使用软布蘸温水或清洁剂仔细清理示教器的触摸屏和按键，请注意，温水和清洁剂不得过多，防止进入示教器内部；

③ 不得使用硬物清理示教器，以防损坏触摸屏。

3. 更换元器件

(1) 更换冷却循环系统的风扇

① 取下运输保险装置，并松开背板上的固定螺旋；
② 取下背板；
③ 松开电缆线套管上的螺栓；
④ 拔出风扇插头；
⑤ 取下风扇支架的螺栓；
⑥ 将风扇连同支架一起取下；
⑦ 装进新的风扇；
⑧ 插入风扇插头，并将电缆固定；
⑨ 装上柜背板，并将其固定。

(2) 更换控制器

① 打开控制柜门；
② 拔出连接到控制器模块借口的供电电源及所有插头连接；
③ 松开滚花螺母；
④ 拆下控制器并向上取出；
⑤ 装入新的控制器并固定；
⑥ 插好各种插头连接；
⑦ 打开控制柜的旋转开关，观察控制器模块能否正常工作。

(3) 更换伺服驱动器

① 打开控制柜门；
② 拔出连接到伺服驱动器接口的供电电源及所有插头连接；
③ 松开滚花螺母；
④ 拆下伺服驱动器并向外取出；
⑤ 装入新的同型号伺服驱动器并固定；
⑥ 插好各种插头连接。

(4) 更换电气元件

① 打开控制柜门；
② 拔出连接到电气元件上的电线；
③ 利用螺丝刀松开取下电气元件；
④ 换上新的电气元件；
⑤ 用螺丝刀将其固定；
⑥ 将拔出的电线原样接好；
⑦ 打开控制柜的旋转开关，观察电气元件能否正常工作。